학생참여수업,
배움을 디자인하다

학생참여수업, 배움을 디자인하다

(행복한 교육을 위한 학생중심수업 프로젝트)

[행복한 교과서®] 시리즈 No. 43

지은이 | 박재찬(달리쌤)
발행인 | 홍종남

2019년 8월 26일 1판 1쇄 발행
2020년 5월 27일 1판 2쇄 발행
2022년 5월 18일 1판 3쇄 발행 (총 3,500권 발행)

이 책을 만든 사람들
책임 기획 | 홍종남
북 디자인 | 김효정
교정 교열 | 이홍림
제목 | 구산책이름연구소
출판 마케팅 | 김경아

이 책을 함께 만든 사람들
종이 | 제이피씨 정동수 · 정충엽
제작 및 인쇄 | 천일문화사 유재상

펴낸곳 | 행복한미래
출판등록 | 2011년 4월 5일. 제 399-2011-000013호
주소 | 경기도 남양주시 도농로 34, 301동 301호(다산동, 플루리움)
전화 | 02-337-8958   팩스 | 031-556-8951
홈페이지 | www.bookeditor.co.kr
도서 문의(출판사 e-mail) | ahasaram@hanmail.net
내용 문의(지은이 e-mail) | chanchance31@gmail.com
※ 이 책을 읽다가 궁금한 점이 있을 때는 지은이 e-mail을 이용해 주세요.

ⓒ 박재찬, 2019
ISBN 979-11-86463-43-7
〈행복한미래〉 도서 번호 074

학생참여수업, 배움을 디자인하다

| 박재찬(달리쌤) 지음 |

행복한미래

이제는 수업이 달라져야 한다

왜 핵심역량을 키워야 할까?

"변화란 단지 삶에서 필요한 것이 아니다. 삶 그 자체다."

『제3의 물결』의 저자이자 미국의 저명한 학자 앨빈 토플러의 말입니다. 세상의 모든 것들이 급변하고 있습니다. 하지만 대한민국의 교육은 30년 전과 크게 다르지 않다는 비판을 받고 있습니다. 우리의 교육과 수업은 어떻게 변해야 할까요?

미래학자 버크민스터 풀러는 지식이 늘어나는 속도를 이렇게 설명했습니다. "인류의 지식 총량은 100년마다 두 배씩 증가해왔다. 그러던 것이 1900년대에는 25년, 현재는 13개월로 그 주기가 단축되었다. 2030년이 되면 지식의 총량이 3일마다 두 배씩 늘게 될 것이다."

　굳이 미래학자의 말을 가져오지 않더라도 지식은 엄청난 속도로 늘고 있습니다. 브리태니커 백과사전을 기억하시나요? 20세기 후반에는 브리태니커 백과사전이 그 시대의 교양인이라면 반드시 가지고 있어야 할 아이템이었습니다. 품위 있는 느낌을 주는 곳에는 어디나 브리태니커 백과사전이 구비되어 있었습니다. 사회지도층 인사들의 서가 한 자리를 당당하게 차지하기도 했고요. 물론 대부분은 애덤 스미스의 『국부론』이나 토마스 모어의 『유토피아』처럼 누구나 가지고 있지만 누구도 읽은 적 없는 장식용에 머물렀겠지만 말이죠. 그런데 그렇게 인기를 끌었던 백과사전을 지금도 가지고 있는 집이 있을까요? 장식용으로라도 보관 중이라고 가정해봅시다. 찾아보고 싶은 내용이 생겼을 때 그 백과사전을 꺼내서 읽는 사람이 몇 퍼센트나 될까요? 책을 읽다가 모르는 단어가 나왔을 때 종이로 된 국어사전을 펼쳐보는 사람의 비율은 얼마나 될까요? 이제는 아무리 품위 있어 보일지라도 누구도 거금을 들여 백과사전을 구매하지 않습니다. 그것이 바로 2012년 3월 브리태니커 백과사전이 종이책 발행 중단을 선언한 이유입니다. 스마트폰 하나만 있으면 모든 지식을 곧바로 쉽게 찾아볼 수 있기 때문이지요.

지식이 폭발적으로 증가하고 있는 지금 같은 시대에 지식을 암기하는 것이 중요할까요? 얼마나 많이 외우고 있는지는 더 이상 중요하지 않습니다. 오늘 배운 지식도 1년만 지나면 옛날 지식이 되어버립니다. 예전에는 대학교까지 배웠던 지식으로 평생을 먹고살 수 있었지만, 아쉽게도 그런 시대는 지났습니다. 날마다 새로운 지식이 탄생하고, 이렇게 탄생한 지식은 인터넷을 통해 전 세계로 실시간 유통됩니다. 현대인은 말 그대로 지식과 정보의 홍수 속에서 살아가고 있습니다.

'우리의 지식으로 기계와 경쟁할 수 있는가?'라는 질문에 대해서도 다시 생각해봐야 합니다. '지식 외우기 대회'를 열어 인간과 기계가 대결한다고 가정해보겠습니다. 인간계의 대표로 『사피엔스』로 유명한 유발 하라리 교수를 초빙했습니다. 기계 분야의 대표로는 2016년 우리에게 충격을 안겨주었던 알파고를 초대했습니다. 테스트할 만한 지식의 양이 엄청나기 때문에 대결 시간은 48시간으로 결정했습니다. 실제로 일어날 일은 없겠지만, 만약 이런 대회가 펼쳐진다면 어떤 일이 생길까요? 우선 일반적인 인간이라면 쉬지 않고 48시간을 버티는 것 자체가 힘듭니다. 그러나 기계는 지치지 않지요. 물론 전기가 계속 공급된다는 가정 하에 말입니다. 실수의 빈도는 어떨까요? 세계적인 석학인 유발 하라리 교수라 할지라도 단순한 지식을 인출하는 작업에서 기계보다 적은 실수를 하긴 힘들 것입니다. 지치지도 실수하지도 않는 기계보다 지식을 잘 외운다는 것은 불가능합니다. 하지만 여전히 우리의 학교에서는 외운 지식을 잘 인출해내는지, 실수 없이 수학 문제를 잘 풀어내는지에만 관심이 있습니다. 지식의 창출보다 암기와 재생산에 에너지를 쓰고 있는 것이지요.

이처럼 세상은 빠르게 변하고 있는데, 학교는 그 속도를 따라가지 못하고 있습니다. 『김대식의 인간 vs 기계』의 저자 카이스트 김대식 교수는 암기 위주의 우리나라 국·영·수 교육에서는 사람보다 인공지능이 한 수 위라고 말합니다. 그리고 이런 교육은 AI 시대에 적합하지 않은 방법이라며 강하게 비판합니다.

결국 이런 세상에서 살아남는 길은 지식을 넘어선 무언가를 배우는 것입니다. 그렇다면 여기서 말하는 '지식을 넘어선 무언가'는 과연 무엇일까요? KBS 1TV에서 방영했던 시사/교양 프로그램의 내용을 책으로 엮은 『명견만리』에서는 이렇게 이야기합니다. "얼마나 많이 아는가보다는 오히려 세상의 변화를 읽어내고, 필요할 때 지식을 찾아내고, 활용할 수 있는 '생각하는 능력'이 더없이 중요한 시대가 다가오고 있다. 지금 전 세계 교육현장은 이러한 생각의 힘을 길러주는 교육에 집중되고 있다."

그렇다면 생각하는 힘이란 무엇을 말하는 것일까요?

2016년 다보스 포럼 연차총회에서 발표된 '미래고용보고서'에서는 다가올 2020년에 필요한 능력으로 '실제 세계에서 명확하게 정의되어 있지 않은 문제를 해결할 수 있는 힘'을 꼽았습니다. 『명견만리』에서 제안한 '생각하는 힘'과 미래고용보고서에서 제시한 '문제를 해결하는 힘'은 바로 역량입니다. 그래서 핵심역량을 키워야 합니다.

오늘 수업을 '어떻게 할지' 고민 중인 여러분께

이 책은 "오늘 수업은 어떻게 하지?"라는 고민에 잠긴 교육자들의 고민을 해결하기 위해 만들어진 책입니다. 제가 이 책을 쓰기로 마음먹었을 때 출판사의 편집자로부터 "이 책을 통해 어떤 이야기를 하고 싶으세요?"라는 질문을 받았습니다. 사실 그때는 제대로 대답하지 못했지만, 그 다음 날 1교시 수업을 시작하려고 칠판 앞에 섰을 때 이런 생각이 떠올랐습니다. "핵심역량을 키워줄 수 있는 수업을 만들어가는 방법에 대해 써야겠다."

유명한 교육자들은 이렇게 말하곤 합니다. "가르치는 스킬보다 중요한 것은 아이들에게 '의미'있는 것을 가르치고 있는가이다."

물론 맞는 말입니다. 배우는 사람이 의미 있다고 생각해야만 배움이 일어날 수 있습니다. 그래서인지 서점의 교육학 코너에는 교육철학에 대한 책들이 많습니다. 관계의 교육학을 이야기한 교육학자 레프 비고츠키(Lev Semenovich Vygotsky), 배움이 있는 수업을 이야기한 사토 마나부(さとうまなぶ) 교수, 『교사, 수업에서 나를 만나다』라는 책을 통해 교사의 내면을 세우는 수업 성찰을 이야기한 김태현 선생님의 책도 있고, 배움에 대해 고민할 수 있는 기회를 제공해주는 좋은 책과 각종 연수 프로그램

도 주변에서 어렵지 않게 찾을 수 있습니다.

　이런 책들과 다양한 온 · 오프라인 연수들은 저에게 깊은 영감을 주었습니다. "좋은 선생님이 되어야지.", "어제보다 더 좋은 수업을 해야지."라는 마음이 저를 설레게 만들어주었습니다. 하지만 다음 날 1교시가 되면 다시 원점으로 돌아가는 일이 많았습니다. 대체 어떻게 해야 좋은 수업이 되는지에 대한 구체적인 기법을 알지 못했기 때문입니다. "학생들에게 배움의 주도권을 넘겨줘야지. 학생들이 스스로 지식을 구성할 수 있게 만들어야지. 그런데 학생 중심의 의미 있는 수업을 하려면 오늘 국어시간에는 어떤 활동을 해야 할까? $\frac{6}{8} \div \frac{2}{8}$ 를 어떻게 가르쳐야 학생들이 몰입할 수 있을까?"라고 다시 자문할 수밖에 없었습니다.

　현장에서 매일 학생들과 수업을 해야 하는 선생님들에게 필요한 것은 수업에 바로 적용할 수 있는 구체적인 기법이라는 생각이 들었습니다. 교사들의 수업 능력 향상에 대해 연구하고 있으며 '비범한 학교(Uncommon Schools)'라는 교육 단체의 운영이사인 더그 레모브(Doug Lemov)는 『최고의 교사는 어떻게 가르치는가』에서 이렇게 이야기했습니다.

　내가 생각하기에 '전략(strategies)'이 문제를 해결하는 데 정보를 주는 식의 일반적인 접근 방식이라면, '기법(techniques)'은 보다 구체적이고 특정한 방식을 말한다. 당신이 만일 단거리 주자라면 당신의 '전략'은 빨리 앞으로 뛰어가는 것이겠지만, '기법'은 몸을 5도 정도 앞으로 기울이고 다리를 위로 힘차게 들어서 전진하는 것이다. 결국 당신을 빨리 달리게 해주는 것은 기법이다. 뛰어난 단거리 선수가 되기를 원한다면 이러한 기법을 갈고 닦아야 한다.

— 더그 레모브, 『최고의 교사는 어떻게 가르치는가』, 해냄, 2016, 21쪽

이제부터 이 책을 통해 '어떻게' 달려야 하는지, 다시 말해 오늘 수업을 '어떻게' 채워야 하는지에 대해 이야기해보겠습니다.

실천해야만 가치가 있다

이 책은 오늘 당장 실천할 수 있는 구체적인 이야기를 담고 있습니다. 특별한 수업, 특별한 교실을 위한 아이디어나 기법이 아니라 일상적이고 보편적인 내용을 담고자 노력했습니다. 수업을 어렵게 느끼는 선생님들을 위해 쉽고 간단하게 구성했습니다.

이 책은 가볍게 읽어가며 배경지식을 쌓기 위한 목적으로 만들어진 책이 아닙니다. 당장 실천해보는 것을 목적으로 한 아주 무서운 책이죠.

이 책에서 소개하는 아이디어나 구조(기법)를 반복해서 적용하다 보면 학생들에게 필요한 역량, 학생들 사이의 상호작용, 형성평가 방법 등 그동안의 일상 수업에서 좀 더 개선해야 할 부분이 보일 것입니다. 아이디어를 적용하는 과정에서 나의 수업 철학에 대해 고민하는 시간을 갖게 될 수도 있고요.

이 책을 통해 선생님들이 수업을 발전시키고자 하는 에너지를 얻었으면 좋겠습니다. MSG가 듬뿍 들어간 특별한 이벤트 느낌의 수업이 아

닌, 매일 먹어도 질리지 않는 집밥 같은 일상수업을 만들어가시길 바랍니다. 제가 전하는 생각의 파편들을 집밥을 차리는 유기농 재료라고 생각하시고 마음껏 조리해주셨으면 합니다. 그래서 "오늘 수업을 어떻게 하지?"라는 생각이 들 때는 고민하지 말고 이 책을 펼쳐주시길 바랍니다. 대신, 오늘부터 당장 실천하셔야 합니다. 약속하실 수 있겠죠?

그럼 이제 마지막 페이지까지 달리쌤과 새끼손가락을 걸고 천천히 함께 걸어가보겠습니다.

차례

학생참여수업은
4C 핵심역량이 정답이다

핵심역량이란?

2017, 2018년에는 '4차 산업혁명'이라는 단어가 엄청난 인기를 끌었습니다. "4차 산업혁명은 쓰나미와 같다."라는 클라우스 슈바프 회장의 말이 쓰나미처럼 대한민국 교육계를 휩쓸었습니다. 그와 더불어 유행하기 시작한 단어가 '핵심역량'입니다. 이 단어는 새롭게 만들어진 건 아니지만 '4차 산업혁명'과 짝을 이루며 경영, 문화, 교육계로 빠르게 스며들었습니다.

핵심역량은 무엇일까요? 단어 그대로 '핵심적인 능력'을 의미하는 것일까요? 이근호(2012), 황치성(2014) 등은 핵심역량을 다음과 같이 정의했습니다.

> 핵심역량이란 선천적으로 타고나는 것이 아니라 후천적으로 습득할 수 있는 것이다. 핵심역량은 지적 능력, 인성(태도), 기능(기술) 등을 포괄하는 다차원적 개념으로, 향후 직업세계를 포함한 미래의 삶을 성공적으로 사는 데 필요한 필수 능력이다(이근호 외, 2012:70; 황치성 외, 2014: 56-57).

핵심역량이란 간단하게 말하면 성공적인 삶을 살기 위해 필요한 능력입니다. 또는 어떤 현상이나 문제를 해결하는 데 있어 학습자에게 요구되는 지식, 기능, 태도 등을 포괄하는 개념이라고 말할 수도 있고요. 그래서인지 세계 각국에서도 핵심역량의 중요성을 이야기하기 시작했습니다. 1997년부터 2003년까지 진행된 OECD의 DeSeCo 프로젝트에서부터 2002년에 창설된 21세기 핵심역량 파트너십, P21(Partnership for 21st Century Learning) 위원회의 프로젝트, 2009년부터 2012년까지 수행된 ATC21S 프로젝트까지 역량에 대한 연구가 활발하게 이루어졌습니다. 세 가지 중 좀 더 깊게 이야기해보고 싶은 것은 P21 위원회의 아이디어입니다.

P21의 21세기 학습을 위한 프레임워크

2002년 미국에서 만들어진 P21 위원회는 핵심역량에 대해 조사하는 연구소입니다. 이곳에서는 세상을 살아가기 위해 필요한 핵심역량이 무엇인지를 연구합니다. 또한 핵심역량을 기르기 위한 강의나 수업을 하는 교육기관, 기업들을 지원합니다. 한마디로 말하자면 21세기를 살아가기 위한 역량 교육을 도와주는 곳이죠. 이곳에서 제안한 '21세기

P21의 21세기 학습을 위한 프레임워크

학습을 위한 프레임워크'는 세계적인 인기를 얻었습니다. 미국을 넘어 프랑스, 뉴질랜드까지 수백 개의 교육기관과 조직에 그들의 아이디어가 전해졌습니다.

그림에서 보이는 것처럼 21세기 학습을 위한 프레임워크는 크게 두 가지로 구분됩니다. 핵심 교과 지식과 역량이 바로 그것이죠. 역량은 다시 삶과 직업 역량(Life and Career Skills), 4Cs를 중심으로 하는 학습과 혁신 역량(Learning and Innovation Skills - 4Cs), 정보·미디어·정보통신기술 활용 역량(Information, Media and Technology Skills) 이렇게 세 가지로 구분할 수 있습니다. 역량의 개념과 관련된 칼럼을 하나 소개합니다. '교육을 바꾸는 사람들'의 이찬승 대표가 쓴 《역량 교육 관련 8가지 핵심 질문에 답하다》라는 칼럼입니다.

Q: P21 위원회에서는 역량(competencies)이라는 단어가 아닌 스킬(skills)이라는 표현을 사용했습니다. 역량(competence), 지식(knowledge), 기능(skill), 이 세 가지 개념들의 차이는 무엇인가요?

A: OECD의 Deseco 프로젝트에서는 역량, 지식, 기능을 다음과 같이 구분했습니다.

"'역량(competence)'이란 고도의 복잡한 상황을 잘 헤쳐나갈 수 있는 능력을 말하며, 이는 인지적인 능력뿐만 아니라 동기적, 윤리적, 사회적, 그리고 행동적 영역까지 포괄한다. 역량은 개인의 특질 및 학습을 통해서 습득할 수 있는 지식과 기능, 가치와 신념 체계, 습관과 다른 심리적 특성까지 모두를 포괄하는 개념이다. 한편 '지식(knowledge)'은 학습, 조사, 관찰 혹은 경험에 의해 습득되는 사실과 개념의 집합체를 말하고, '기능(skills)'은 수행 난이도가 그리 높지 않은 과업을 비교적 손쉽게 수행하기 위한 능력을 말한다. (INES GENERAL ASSEMBLY, 2000)"

비슷하면서도 조금은 다른 개념이죠? 이 세 가지 개념에 대해 '교육을 바꾸는 사람들'의 이찬승 대표는 이렇게 이야기했습니다. "역량, 지식, 기능은 대체로 서로 구분되는 것이지만 좀 더 깊이 살펴보면 이들의 구분은 분명하지 않은 부분이 많다. Knowledge를 사전에서 찾아보면 대부분 '사람이 경험이나 교육을 통해 습득한 사실(fact), 정보(information), 기능(skill)'이라고 되어 있다. 지식(knowledge)과 기능(skills)이 겹치고 있다는 것을 알 수 있다. 그렇다면 skill은 사전에서 어떻게 정의하고 있을까? 대개 '어떤 것을 잘 행할 수 있는 능력(the ability to do something well); 전문성(expertise)'이라고 되어 있다. 기능(skills)은 그 의미역이 역량(competencies)과 겹친다."

결국 역량, 지식, 기능은 분명하게 구분하기 힘들다는 이야기 같습니다. 하지만 우리말로 번역했을 때 그 의미들이 비슷한 것으로 보아 이 책에서는 P21이 제시한 skills라는 단어도 역량으로 이해하고 번역하였습니다. 자, 그렇다면 프레임워크 속 요소들을 조금 더 자세히 살펴볼까요?

3Rs를 중심으로 하는 핵심 교과 지식(프레임워크의 내부)

프레임워크의 내부를 구성하는 3Rs를 중심으로 하는 핵심 교과 지식은 전통적인 교과 교육에 21세기에 필요한 학습 주제를 추가한 것입니다. 모국어, 외국어, 수학, 경제, 지리학, 역사, 정치, 과학, 예술과 같은 과목들입니다. 우리나라 학생들이 배우고 있는 국어, 영어, 수학, 사회, 과학, 음악, 미술과 비슷하죠? 그런데 P21 위원회에서는 이것만으로는 부족하다고 말합니다. 전통적인 교과만으로는 정보화, 지식 기반 사회에 대비할 수 없다는 것이죠. 다양화되어가는 사회의 요구에 부합할 수 있는 내용들을 배워야 한다고 주장합니다. 어떤 것들일까요? 국제 이해, 금융, 경제, 사업과 기업에 대한 이해능력, 시민으로서의 소양, 건강에 대한 이해능력, 환경에 대한 이해능력입니다. 어디서 한 번쯤 들어본 느낌이 들지 않나요? 안전교육, 건강교육, 인성교육, 민주시민교육, 인권교육, 경제 · 금융 교육, 환경 · 지속가능발전 교육과 비슷합니다. 맞습니다. 우리나라 교육과정의 범교과 교육과 같은 맥락에서 나온 주제들입니다. 이는 교과 지식과 더불어 사회(생활)와 밀접한 지식들도 고루 다루어야 한다는 의미로 볼 수 있습니다.

세 가지 역량(프레임워크의 외부)

프레임워크의 외부에 대해 이야기할 차례가 되었네요. P21 위원회에서는 미래 시대를 살아가기 위해 필요한 역량을 크게 세 가지로 제시합니다. 삶과 직업 역량, 학습과 혁신 역량, 정보 · 미디어 · 정보통신기술 활용 역량입니다. 각각의 역량에 따른 하위 항목은 다음과 같습니다.

삶과 직업 역량

- 유연성과 적응력
- 진취성과 자기주도성
- 사회성과 타문화와의 상호작용 능력
- 생산성과 책무성
- 리더십과 책임감

4Cs를 중심으로 하는 학습과 혁신 역량

- 창의력
- 의사소통능력
- 협업능력
- 비판적 사고력

정보 · 미디어 · 정보통신기술 활용 역량

- 정보 이해능력
- 미디어 이해능력
- ICT 이해능력

여기서 바로 이 책을 관통하는 개념이 등장합니다. 바로 4Cs를 중심으로 하는 학습과 혁신 역량의 하위 항목인 '4Cs'입니다. 그러면 '4Cs'에 대해 조금 더 자세히 살펴볼까요?

4Cs를 중심으로 하는 학습과 혁신 역량

창의력(Creativity)

P21 위원회에서는 창의력을 다시 두 가지로 구분하였습니다. '창의적으로 생각하기'와 '다른 사람들과 창의적으로 작업하기'입니다.

▲ 창의적으로 생각하기
- 브레인스토밍과 같은 기법을 활용하여 창의적인 아이디어를 생성한다.
- 새롭고 가치 있는 아이디어를 생산한다.
- 창의적인 노력을 개선하고 극대화하기 위해 자신의 아이디어를 융합하고, 구체화하고, 분석하고, 평가한다.

▲ 다른 사람들과 창의적으로 작업하기
- 새로운 아이디어를 개발, 구현하여 타인에게 효과적으로 전달한다.
- 새롭고 다양한 관점에 대해 개방적인 마음을 갖는다. 그리고 이것을 과제에 반영한다.
- 과제의 독창성과 창의성을 입증하고 이것을 현실에 적용할 때의 어려움을 이해한다.
- 실패를 배움의 기회로 생각한다. 창의력은 작은 성공과 반복되는 실패의 과정 속에서 탄생한다는 것을 이해한다.

의사소통능력(Communication)

P21 위원회에서는 의사소통능력의 세 가지 하위 요소를 다음과 같이 제시하였습니다.

▲ 명확하게 전달하기
- 다양한 형태와 맥락에 맞게 도구(말, 글, 비언어적 표현)를 활용하여 생각을 분명하게 표현한다.

- 상대방이 전하고자 하는 지식, 가치, 태도 및 의도를 생각하며 경청한다.
- 정보 제시, 지시, 동기부여, 설득 등의 목적에 알맞은 의사소통을 한다.
- 다양한 매체와 정보통신기술을 활용한다.
- 다문화 및 다언어와 같은 다양한 환경에서 효과적으로 의사소통한다.

협업능력(Collaboration)

P21 위원회에서는 협업능력의 하위 요소를 다음과 같이 제시하였습니다.

▲ 다른 사람들과 협업하기
- 다양한 구성원들과 서로를 존중하며 효과적으로 협업한다.
- 공동의 목표 달성을 위해 타협하고 합의하며 과제를 해결한다.
- 협업에 대한 공동의 책임, 개개인의 기여도를 평가한다.

비판적 사고력(Critical Thinking)

P21 위원회에서는 비판적 사고력의 하위 요소를 다시 세 가지로 구분하였습니다. '효과적으로 추론하기', '체계적으로 생각하기', '판단과 결정하기'입니다.

▲ 효과적으로 추론하기
- 상황에 알맞게 연역, 귀납 등의 다양한 방법으로 추론한다.

▲ 체계적으로 생각하기
- 복잡한 체계 속에서 각각의 요소들이 어떻게 상호작용하며 전체를 만들어내는지 분석한다.

▲ 판단과 결정하기
- 주장과 근거, 신념을 효과적으로 분석하고 평가한다.
- 특정한 관점에 대한 중요한 대안들을 분석하고 평가한다.
- 정보와 주장을 종합하고 연결한다.
- 최상의 분석을 바탕으로 정보를 해석하고 결론을 도출한다.
- 학습 경험과 과정을 비판적으로 성찰한다.

출처
— 《Framework for 21st century learning definitions》, Battelle for kids, 2018.
— Sue Z. Beers, 《4C 핵심역량에 기초한 미래형 교실수업》, 아카데미프레스, 2017.

1부

창의력을 길러주는
놀이학습과 비주얼씽킹

1

놀이학습 : 놀이는 인간의 본성이다

놀이하는 인간, 호모 루덴스

대개 공부는 시켜야 '겨우' 하지만, 놀이는 시키지 않아도 '알아서' 합니다. 왜 알아서 할까요? 재미있기 때문입니다. 재미있는 것을 싫어하는 사람이 있을까요? 아마 없을 것입니다. 취미는 왜 가질까요? 인생을 재미있게 즐기기 위해서입니다. 좀 더 재미있게 살기 위해 악기를 배우고, 맛집을 찾아다니고, 영화나 뮤지컬을 감상하러 극장이나 공연장에 갑니다. 취미를 즐기는 사람들에게는 취미가 곧 놀이입니다. 이 이야기를 하니 저도 갑자기 놀고 싶어지네요. 그렇다면 놀면서 공부하는 방법은 없을까요?

'호모 사피엔스'라는 용어를 들어본 적 있으신가요? 라틴어로 '지혜로운 인간'이라는 뜻으로, 생물학에서는 현생인류를 가리키는 말입니다.

인간의 특성을 설명하기 위한 여러 가지 다른 용어들도 있습니다. '호모 파베르(Homo Faber)', '호모 하빌리스(Homo habilis)', '호모 에렉투스(Homo erectus)' 등입니다. 이처럼 인간의 특성을 나타내는 여러 용어 중에는 '호모 루덴스(Homo Ludens)'라는 단어도 있습니다. 바로 '놀이하는 인간', '유희하는 인간'이라는 뜻이죠. 네덜란드의 문화인류학자 요한 하위징아(Johan Huizinga)가 저술한 책의 제목이기도 합니다.

> 인간과 동물에게 동시에 적용되면서 생각하기와 만들어내기처럼 중요한 제3의 기능이 있으니, 곧 놀이하기이다. 그리하여 나는 호모 파베르 바로 옆에, 그리고 호모 사피엔스와 같은 수준으로, 호모 루덴스를 인류 지칭 용어의 리스트에 등재시키고자 한다.
>
> — 요한 하위징아, 『호모 루덴스』 연암서가, 2018, 21쪽

요한 하위징아는 인간의 특성을 '노는 것'이라고 정의합니다. 그는 놀고 싶어 하는 것을 인간의 본성이라고 생각했습니다. 본성대로 재미를 추구하며 놀다 보니 문명이 발달하였다는 것이죠. 그의 말에 따르면 놀이는 단순히 재미만 느끼게 하는 수단이 아니라 문명 발달이라는 결과를 만들어내는 가치 있는 것입니다.

그의 주장대로 우리 반 학생들은 정말 잘 놉니다. 아침 독서 시간에도 놀고, 쉬는 시간에도 놉니다. 심지어 수업 시간에는 더 잘 놉니다. 그러면 대한민국의 초등학생, 중학생은 물론이고 성인들까지도 가장 좋아하는 놀이는 무엇일까요? 그렇죠. 바로 게임입니다. 그럼 이제 게임

에 대한 이야기로 넘어가보겠습니다.

Playful Learning, 놀이 학습

학교교육을 변화시키는 주요 동인으로 '뉴미디어 세대의 뇌의 변화'에
도 주목할 필요가 있다. 뉴미디어 세대는 새로운 뇌를 가진 신인류에
가깝다. 이들의 사고방식, 행동양식, 동기유발 방식, 삶의 방식은 기존
의 기성세대와 매우 다르다. 뉴미디어 세대의 뇌는 충동성이 높고, 주
의 집중시간(attention span)이 매우 짧으며 피드백이나 보상이 느린 것을
잘 참지 못한다. 개인의 집중시간 조사에서 1998년에는 12분, 2008년
에는 5분, 2015년에는 8초로 짧아졌다는 최근의 보도(The Associated Press)
는 가히 충격적이다. 이는 주위의 강도 높은 자극에 뇌가 적응한 탓이
다. 이제 학습도 피드백이 빠르고 즉시 보상이 주어지는 게임의 원리를
적용해야 하는 시대를 맞았다. 수업도 초등학생은 약 10분, 중학생은
약 15분, 고등학생은 약 20분마다 수업의 모드를 바꾸어주는 방식이 필
요하다.

—「4차 산업혁명, 미래교육의 방향은?」, 이상수 전 (사)광주연구소 이사장,
시민의 소리(http://www.siminsori.com)

빠른 피드백과 보상이 주어지는 게임의 원리가 반영된 방법이 바로
놀이 학습입니다. Playful Learning, 놀이 학습은 말 그대로 놀면서 공부

하는 방법입니다. 학습 내용에 놀이를 가미하여 학습 효과를 높이고자한 것이죠. 교육(education)용 소프트웨어에 오락(entertainment)성을 가미한에듀테인먼트(edutainment)와도 비슷합니다. 다만 교실에서 이루어지는아날로그 감성의 활동이라는 것이 차이점입니다. 노는 것만으로도 가치가 있는데 거기에 학습까지 더하다니 학습 효과가 대단하겠죠?

놀이와 학습을 융합하는 것에는 세 가지 장점이 있습니다.

첫째, 창의력이 길러집니다. 놀이와 창의성의 상관관계를 연구한 샌드라 러스(Sandra Russ) 교수는 "놀이는 창의적이다. 아이는 놀이를 통해아무것도 없는 상태에서 뭔가를 창조한다."라고 말했습니다.

놀이를 하다 보면 없었던 규칙이 만들어집니다. 있던 규칙도 친구들과 합의해서 수정합니다. 자유로운 환경 속에서 다양한 아이디어를 떠올리고 실천해보는 것이지요. P21 위원회에서 제안한 '새롭고 가치 있는 아이디어를 생산하는 과정'이 놀이 학습 속에 담겨 있습니다.

둘째, 학습 내용을 재미있게 배우게 됩니다. 재미는 자발성과 연결됩니다. 시키지 않아도 알아서 한다는 뜻이죠.

셋째, 반복적인 도전과 실패의 과정을 거치게 됩니다. 놀이와 게임속에는 리플레이라고 불리는 재도전의 기회가 있습니다. 틀리거나 실수하더라도 다시 할 수 있다는 의미입니다. 그렇기 때문에 실패에 대한부담이 없습니다. 웃으면서 다시 도전할 수 있습니다. 만약 또 다시 실패하더라도 괜찮습니다. 놀이이기 때문입니다.

로베르타 골린코프와 캐시 허시–파셋이 공동으로 집필한 『최고의교육』이라는 책에는 이런 구절이 나옵니다.

"우리 사회에서는 어떻게든 어디서든 놀이와 공부를 분리시키려고 한다. 실제로 한 논문에서는 놀이와 공부가 셰익스피어의 로미오와 줄리엣에 나오는 몬터규 가문과 캐풀렛 가문처럼 분리돼 있다고 비유하기도 했다."

하지만 놀이와 학습은 분리된 것이 아닙니다. 하나로 결합하여 시너지를 낼 수 있습니다. 놀이와 학습이 상호작용할 수 있는 방법들이 궁금하시죠? 다음 장에서 설명하겠습니다.

2
게임, 교육과 만나다

아이들이 가장 좋아하는 것, 엄마보다 게임

학생들과 함께하는 시간이 한 해 한 해 쌓여감에 따라 '아이들이 좋아하는 것, 하고 싶어 하는 것은 무엇일까?'에 대해 관심이 생겼습니다. 포켓몬, 애니팡, 모두의 마블, 마인 크래프트. 시간이 지남에 따라 아이들이 좋아하는 게임도 변했습니다. 하지만 저는 아마존의 창업자 제프 베조스(Jeff Bezos)의 말처럼 '변하지 않는 것'에 주목하고 싶었습니다. 그러다 시대의 변화와 무관하게 대부분의 아이들이 가장 하고 싶어 하는 것이 무엇인지 드디어 발견했습니다. 제가 발견한 답을 다음 문제 속에 숨겨두었습니다. 다음 문제를 풀어보시죠.

정답은 몇 번일까요? ⑤번입니다. 아이들이 좋아하고 하고 싶어 하는 '변하지 않는 것'은 바로 게임입니다. 게임은 시키지 않아도 스스로 알아서 잘 배웁니다. 대한민국의 많은 학부모님이 하는 고민 중 하나는 '대체 게임을 얼마나 하도록 허락해줘야 할까?' 하는 것입니다. 시간을 제한하지 않으면 아이들은 세 시간이고 네 시간이고 게임만 하고 있기 때문입니다. 게임을 할 때 밥 먹으라고 말하면 "알았어요. 이따 먹을게요."라고 말하고 무소식입니다. 스마트폰 배터리가 없을 때는 콘센트 옆에 쭈그려 앉아서도 게임을 합니다. 학생들에게 게임을 얼마만큼 하면 그만하고 싶을 것 같은지 물어보니 이렇게 대답했습니다. "그냥 계속 하고 싶어요."

놀이와 게임이 가진 특성 중 하나는 바로 자발성입니다. 그렇다면 공부 역시 놀이나 게임으로 생각한다면 시키지 않아도 스스로 할까요? "병재야, 밥 먹고 해!"라는 엄마의 이야기를 무시하며 계속 공부에 몰입하게 만들 수 있을까요? "애들아, 이제 쉬는 시간이야. 그만 공부

하고 쉬어야지."라고 말하는 교사의 모습은 유토피아에서나 볼 수 있는
것일까요?

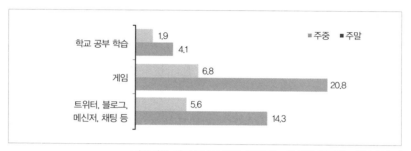

컴퓨터를 하루 3시간 이상 사용하는 학생의 용도별 비율(단위:%)
출처 : '전남 학생 5명 중 1명. 주말 3시간 이상 컴퓨터 게임'. 시민의 소리 홍갑의 기자

게이미피케이션

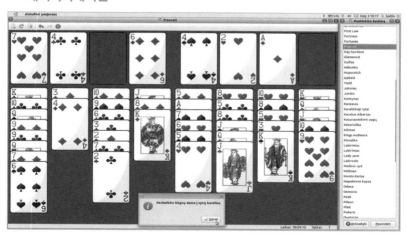

프리셀의 진짜 의도 '마우스 조작법'

위에 보이는 친숙한 화면을 기억하시나요? 이것은 바로 마이크로소프트 사가 개발한 컴퓨터 운영 체제인 '윈도우즈'에 기본적으로 설치되어 있는 게임인 '프리셀'입니다. 인터넷 접속이 원활하지 않던 추억의 모뎀 시절, 시간 때우기 용으로 이만큼 좋은 것이 없었던 것 같습니다. 하지만 이 게임은 드래그, 드롭, 더블 클릭 등 마우스 사용법을 숙달시키기 위한 목적으로 개발되었습니다. 진짜 목적은 따로 있었던 것이죠.

마이크로소프트에서 비슷한 전략을 사용한 사례가 하나 더 있습니다. 바로 '지뢰 찾기' 게임이지요. 지뢰를 찾기 위해서는 고도의 집중력이 필요합니다. 여덟 개의 칸에 적힌 숫자를 보며 어디에 지뢰가 있는지를 짐작해야 합니다. 만약 잘못 클릭하게 되면 스마일의 표정이 일그러집니다. 프리셀보다 흥미진진한 맛이 있는 게임이죠. 그런데 사실 이 지뢰 찾기 게임이 개발된 의도 역시 따로 있습니다. 이 게임의 목적은 마우스의 왼쪽과 오른쪽 클릭의 정확성을 기르는 것입니다. 조그마한 사각형을 누르면서 정확한 클릭을 연습하게 되는 것이죠. 이렇게 길러진 능력은 파워포인트나 그림판 프로그램에서 사진과 그림의 크기를 조절하거나 색깔을 선택할 때 사용되게 됩니다. 어때요? 마이크로소프트에게 속았다는 기분이 드시나요?

지뢰 찾기의 진짜 의도 – 마우스 왼쪽/오른쪽 클릭의 정확성 향상

프리셀과 지뢰 찾기처럼 게임이 아닌 분야에서 문제 해결, 지식 전달, 마케팅을 위해 게임의 메커니즘과 사고방식을 접목시키는 것을 '게이미피케이션'(gamification)이라고 합니다. 그렇다면 학습에도 게이미피케이션을 적용할 수 있을까요? 만약 그렇게 된다면 게임을 하면서 자연스럽게 공부가 이루어질 수 있으니 일석이조가 아닐까요?

지금부터 학습 무기력에 빠진 학생이나 선행학습으로 수업에 흥미를 느끼지 못하는 학생 모두를 수업에 참여할 수 있게 만들어줄 특급 레시피를 공개하겠습니다. 자, 다들 준비되셨죠?

[놀이학습 I]
배움 마블 : 게임으로 설명하다

배움 마블

배움 마블은 국내 최초의 보드 게임 '블루마블'을 수업에 활용한 방법입니다. 미래교실네트워크의 혜린쌤께서 제작하신 '거꾸로 마블'을 변형한 것이죠. 먼저 포스트잇에 학생들이 문제를 출제하고 '배움 마블' 판에 부착한 뒤, 주사위를 던져 말을 이동하며 문제를 풀어갑니다. 처음에는 정답을 맞히는 간단한 수준으로 진행하고, 익숙해진 뒤에는 정답을 맞히는 것을 넘어 자신의 풀이과정을 설명하는 규칙을 추가합니다. 배움 마블을 통해 서로 가르치고 설명하는 문화를 형성할 수 있습니다.

□ 활용 방법

❶ 해당 교과/차시와 관련된 문제를 포스트잇(51mm×38mm)에 출제합니다. (4인 1모둠 기준 개인당 3~4문제 출제)

❷ 개인별로 출제한 문제를 스스로 풀어보며 풀이와 정답을 공책에 기록합니다.

❸ 포스트잇을 배움 마블 보드 게임판의 빈 공간에 부착합니다.

❹ 주사위를 굴려 이동하며 문제를 풀이합니다.

❺ 해당 칸에 말이 도착하면 친구가 출제한 문제를 풀어 정답을 맞추면 그 자리에 있고, 틀리면 원래 자리로 돌아갑니다.

❻ 도착 지점에 말이 먼저 도착하는 학생이 승리합니다.

□ 달리쌤이 전하는 팁

❶ 블루마블의 기본 규칙을 따르되, 모둠 안에서 합의하여 다양한 방식으로 변형할 수 있습니다.

❷ 수학 교과에 적용할 때는 수학 문제를 출제한 뒤 해당 칸에 가서 문제를 풀이하는 방식으로 사용할 수 있습니다.

❸ 사회 교과에 적용할 경우에는 중요한 핵심 단어를 포스트잇에 기록하고 해당 칸에 가서 단어의 뜻을 설명하는 방식으로 사용할 수 있습니다.

❹ 영어 교과에 적용할 경우, 단어를 포스트잇에 기록하고 뜻을 설명하거나, 그 단어를 활용하여 문장으로 표현하는 방식으로 응용하여 사용할 수 있습니다.

문제 틱택토 : 친구들의 동의를 얻다

문제 틱택토

문제 틱택토는 틱택토라는 삼목게임을 문제풀이에 몰입할 수 있는 수단으로 가져온 게임화 전략입니다. 틱택토는 두 명이 번갈아가며 ○와 ×를 '3×3판'에 써서 같은 글자를 가로, 세로, 대각선상에 놓이도록 하는 놀이입니다. 첫 번째 순서에서는 중앙에 자신의 자석을 놓을 수 없고, 두 번째 순서부터는 위치에 상관없이 자유롭게 놓을 수 있습니다.

문제를 풀이하고 풀이과정을 설명하여 친구들에게 동의를 얻으면 삼목에 참여할 수 있는 기회를 얻게 됩니다. 문제를 설명하는 학생은 나머지 학생들에게 동의를 얻어야 하므로 친구들이 이해할 수 있도록 쉽고 정확하게 설명하게 됩니다. 설명을 듣는 학생들은 자신에게 '동의권'이 있으므로 좀 더 집중해서 친구의 문제풀이 과정을 듣게 됩니다. 문제를 풀이하고 설명하는 기회는 모둠 내에서 순환하여 가져갑니다. 미래교실네트워크 광주, 전남 오프라인 모임을 통해 알게 된 활동입니다.

□ **활용 방법**

❶ 교사는 문제 틱택토를 진행할 수 있는 활동지를 준비합니다. (10문제 정도의 학
습지면 충분합니다.)

❷ 1, 3, 5조의 모둠 1번 학생과 2, 4, 6조의 모둠 1번 학생이 서로 자리를 교환합
니다.

❸ 교사는 풀이할 문제의 번호를 제시합니다.

❹ 자리를 옮긴 학생은 해당 문제를 풀이하고 설명합니다.

❺ 원래 자리에 머물러 있는 학생들은 문제풀이 설명을 들은 뒤, 동의/미흡을
표시합니다.

❻ 모둠 전체의 동의를 얻게 되면 교실 앞으로 나와 자석을 붙입니다. 모둠 내

모든 학생들이 돌아가며 참여합니다.

❼ 삼목을 먼저 만드는 모둠이 승리합니다.

□ 달리쌤이 전하는 팁

❶ 문제 틱택토를 하기 전에 감정이나 친분에 의해서가 아니라, 공정한 자세로 상대팀의 설명을 심판하겠다는 선서와 함께 시작합니다.

❷ 모둠 내의 모든 학생들이 돌아가며 설명할 수 있는 기회를 가져야 합니다.

❸ 모둠 내에서도 운영할 수 있습니다. 이 경우에는 1:1로 틱택토를 진행합니다. 나머지 두 명의 학생은 설명을 듣고 확인해주는 심판자 역할을 하게 됩니다. 심판의 동의를 얻으면 칠판으로 나와 자석을 붙입니다. (모둠 내에서 운영하더라도 틱택토 게임판은 칠판에 그리는 것이 좋습니다.) 심판자와 선수의 역할을 교환하며 활동합니다.

❹ 문제풀이뿐 아니라 개념을 이해하는 수업에서도 사용할 수 있습니다. 이 경우, 개념에 대해 정확히 설명할 수 있는지가 동의 여부를 결정하는 기준입니다.

❺ 늦게 설명한 친구에게도 자석을 붙일 수 있는 기회를 줘야 합니다. 모둠 간 스피드 게임 형식으로 진행되다 보면 문제 이해나 문제풀이 속도가 늦은 친구들은 자석을 붙이지 못하는 경우가 많습니다. 더구나 학습능력이 우수한 친구와 겨루게 될 경우 1분이 되지 않아 승부가 결정나기도 합니다. 이런 상황을 막으려면 속도 경쟁에서는 밀렸을지라도 3분 안에 설명과 인증을 완료하면 자석을 붙일 수 있는 기회를 주는 것이 좋습니다.

[놀이학습 3]
고달리(GO! DALI) : 학습 내용을 카드로 배우다

고달리

GO! DALI는 학습용 보드게임인 GO FISH의 아이디어를 수업에 적용한 방법입니다. (GO FISH는 질문과 대답을 통해 같은 카드를 매칭시켜가며 제거하는 기억력 게임입니다.) 매 차시 수업의 정리 단계에서 GO DALI 카드에 핵심 내용을 기록합니다. (똑같은 내용으로 두 장을 작성합니다.) 단원 학습이 모두 끝나면, 그동안 모은 카드를 이용하여 게임을 시작합니다.

□ 활용 방법

❶ 모둠 구성원들이 작성한 카드를 모두 모아 세트를 만든 뒤, 옆 모둠과 교환합니다. 세트를 잘 섞은 후 각자 다섯 장씩 받고, 나머지 카드는 뒷면을 위로 하여 책상 중앙에 놓습니다.

❷ 모둠 내에서 게임을 시작할 순서를 정합니다.

❸ 내 차례가 오면 모둠 구성원 중 한 사람을 지정해서 이렇게 질문합니다. "○○이가 쓴 XX 카드 있나요?" 단, 내 손에 있는 카드에서만 질문할 수 있습니다.

❹ 상대방에게 카드가 있는 경우, 상대방에게 질문한 카드를 받습니다. (성공) 같은 카드가 두 장이 되면 내 앞에 즉시 내려놓습니다. 내 차례를 한 번 더 진행합니다.

❺ 상대방에게 카드가 없는 경우, 상대방이 "GO DALI!"를 외칩니다. (실패) 더미에서 카드 한 장을 가져옵니다. 더미 카드가 없을 경우, 가져오지 않습니다.

❻ 카드를 모두 내려놓아 자신의 카드가 없어지면 승리하게 됩니다.

□ 달리쌤이 전하는 팁

❶ 한 세트는 보통 50장으로 구성됩니다. 같은 카드가 두 장씩 있으므로 25가지 종류의 카드가 섞여 있는 것이죠.

❷ 게임 카드를 직접 만들어가는 '과정'에 의미가 있는 활동입니다. 카드 속에 핵심 내용을 채워가며 자연스럽게 차시에서 중요한 지식이 무엇인지 생각해 볼 수 있습니다. 어설프지만 우리들의 손으로 '직접' 만들어간다는 것을 강조해주세요.

❸ 선생님과 학생들의 취향에 따라 뒷면을 다양한 방식으로 채울 수 있습니다.

저학년은 간단한 단어로, 고학년은 좀 더 체계화된 정리로 카드의 내용을 채워가는 것이 효과적입니다.

❹ 카드에 적힌 제목만 보고 "○○ 있어?"라고 묻는 것보다는 "~라고 설명된 ○○ 있어?"라고 함께 물어보는 것이 학습 효율성이 높은 방법입니다.

[놀이학습 4]
달리갈리 : 종을 치고 설명하다

달리갈리

달리갈리는 전 세계적으로 알려진 종 치기 게임인 '할리갈리(Halli Galli)'를 수업에 적용한 방법입니다. 원래 게임에서는 '과일 다섯 개가 보이면 종을 쳐라!'라는 한마디로 압축되는 규칙을 가집니다. 속도 경쟁에서 승리하기 위해 극도의 집중력을 발휘할 수 있으며 재미를 극대화해주는 '종'을 통해 간단하지만 모두가 몰입할 수 있는 분위기를 만들 수 있습니다. 모둠 내에서 호스트가 문제를 출제하고 나머지 구성원들 중 가장 먼저 문제를 풀이한 학생이 종을 치는 방식, 호스트 없이 교사가 활동지의 문제를 하나씩 선택하여 제시하고 모둠 구성원 모두가 문제를 풀어 빨리 풀이한 학생이 종을 치고 풀이 과정을 설명하는 방식 등으로 응용하여 수업을 채울 수 있습니다.

□ 활용 방법

❶ 교사는 문제들이 나와 있는 활동지(문제판)를 나눠줍니다.

❷ 학생들은 모둠별로 문제판을 잘라서 섞습니다.

❸ 하나, 둘, 셋을 함께 외친 뒤, 쌓여 있는 문제 더미 중 한 장을 골라 자신의 자리로 가져온 뒤 문제를 풀이합니다.

❹ 문제풀이를 마친 학생은 종을 칩니다.

❺ 가장 먼저 종을 친 학생이 자신의 문제와 풀이를 설명합니다.

❻ 나머지 학생들은 풀이에 대한 설명이 맞는지를 확인하기 위해 잘 듣습니다.

❼ 정답으로 인정되면 칩을 하나 가져갑니다.

❽ 칩의 개수가 많은 사람이 승리합니다.

❾ 교사는 '달리갈리' 게임 중 교실을 순회하며 학생들의 이해도를 점검합니다. 피드백은 게임이 끝난 뒤 전달합니다.

□ 달리쌤이 전하는 팁

❶ 문제 수가 충분해야 합니다. 이를 위해서는 매 차시가 끝날 때마다 차시 학습 목표와 관련된 문제를 학생들이 하나씩 출제해서 단원이 끝날 때쯤에 모인 문제 쪽지를 가지고 활동하는 것을 추천합니다.

❷ 수학 교과의 단원 마무리 활동에 적용하기 쉽습니다.

❸ 사회나 영어 교과서에 부록으로 카드가 제공되는 경우가 있습니다. 이 자료를 활용하여 바닥에 카드를 몇 장 깔아두고 카드 더미에서 한 장씩 뒤집으며 같은 카드가 나왔을 때 종을 치는 방식으로도 활용할 수 있습니다. 카드가 제공되지 않더라도 수업 시간을 이용해 카드를 누적해서 만들어간 뒤, 단원의 마지막에 달리갈리를 하는 식으로 수업해도 좋습니다.

❹ 교실이 소란스러워질 수 있습니다. 학생들이 흥분하지 않고 수업 규칙을 지킬 수 있도록 안내한 뒤 진행하도록 합니다.

[놀이학습 5]
쁘띠바크 : 상상력을 키우다

쁘띠바크

쁘띠바크는 프랑스의 국민 게임입니다. 지정된 자음으로 시작하는 단어를 미리 정한 주제(보통은 7개)에 맞게 개인별/모둠별로 연상해내는 활동입니다. 학습한 단어나 개념을 떠올리는 수업에 효과적입니다. 자음으로 시작하는 단어를 제한된 시간 내에 연상해가는 과정에서 어휘력을 기를 수 있습니다.

또한 자음이 아니라 그날의 수업이나 단원에 관련된 단어나 주제로 바꿔서 사용한다면 자연스럽게 학습에 몰입하도록 할 수 있습니다. 이 게임은 tvN의 프로그램 〈문제적 남자〉를 통해 더 많이 알려지게 되었습니다.

□ 활용 방법

❶ 각 라운드마다 모둠에서 자음을 하나 선택합니다. (자음이 아닌 수업이나 단원에 관련된 단어나 주제로 바꿔서 사용할 수 있습니다.)

❷ 모둠 구성원들은 선택된 자음으로 시작하는 단어를 주제에 맞게 하나씩 적습니다. 초등학생들에게 적용할 수 있는 일반적인 주제 목록은 다음과 같습니다.

> **채소**(과일), **동물**(곤충), **운동, 도서, 속담, 국가나 도시, 인물**(연예인, 캐릭터)

❸ 7개의 단어를 먼저 적은 모둠이 "정답!"이라고 외치면 나머지 모둠의 학생들은 모두 단어 쓰기를 멈춰야 합니다.

❹ 가장 먼저 7개의 단어를 쓴 모둠이 자신이 적은 단어를 차례대로 말합니다. 단어 하나당 1점으로 계산합니다. 만약 다른 모둠과 중복되는 단어가 있는 경우에는 그 모둠이 1점을 획득합니다.

❺ 정답을 외친 모둠은 다른 모둠과 중복되지 않는 단어 개수만큼 점수를 획득합니다.

❻ 틀린 단어(자음에 해당하지 않은 단어)를 말할 경우, 이전까지 말한 모든 단어가

무효 처리되고 다음 모둠으로 자음 선택의 기회가 넘어갑니다.

❼ 각 라운드의 점수를 합산해서 가장 높은 점수를 가진 모둠이 승리합니다.

□ 달리쌤이 전하는 팁

❶ 수업과 관련된 모든 단어가 언급되도록 주제를 구상하는 것은 너무 어려운 일입니다. 주제의 범위는 넓혀주되, 배움 주제와 관련된 단어를 적을 경우 2점으로 계산하는 방식 등으로 변형해서 진행하는 것이 좋습니다.

❷ 학년 수준이나 교과에 맞춰 주제를 다양하게 바꾸어 적용하는 것을 추천합니다. (예: 사자성어나 속담 대신 음식 이름으로 변경하기)

❸ 디딤 영상의 내용을 확인하거나 단원의 정리 부분에서 학생들의 학습 정도를 확인하는 용도로 사용하는 것이 효과적입니다.

❹ 개인별로 진행할 수도 있으나 모둠별로 했을 때 빠른 시간에 7가지의 단어를 생각해낼 수 있어, 좀 더 긴장감을 유지할 수 있습니다.

❺ 한 모둠이 정답을 외치면 나머지 모둠들은 단어 쓰기를 멈춰야 하는데, 멈추지 않고 계속 쓰는 경우가 많습니다. 게임 시작 전에 주의하도록 반드시 알려주고 시작합니다.

❻ 정답을 외친 뒤, 교실이 조용해져야 게임이 자연스럽게 진행될 수 있습니다. 경청하는 학급 규칙이 잘 지켜질 수 있도록 안내하는 과정도 필요합니다.

❼ 도서관에서 이루어지는 수업일 경우 작품의 제목이나 출판사, 지은이 등을 주제로 진행할 수 있습니다.

[놀이학습 6]

문제 땅따먹기 : 영토를 넓히며 배우다

문제 땅따먹기

문제 땅따먹기는 '문제의 풀이와 설명 과정을 어떻게 하면 좀 더 재미있게 만들 수 있을까?'라는 생각에서 출발한 방법입니다. 그 수단으로 땅따먹기라는 놀이를 가져왔습니다. 방법은 간단합니다. A4 용지를 대각선으로 반으로 나눕니다. 이 종이가 학생들이 개인별로 갖게 되는 '문제 땅'이 됩니다. 이 문제 땅을 4~5개의 칸으로 나눠 문제를 출제한 뒤, 여러 개의 땅을 연결하여 붙입니다. 그 후, 바둑돌을 튕겨가며 문제를 설명하는 땅따먹기 게임을 하는 것입니다. 정호중 선생님의 블로그를 참고하였습니다.

□ 활용 방법

❶ A4 용지를 대각선으로 잘라 학생 한 명당 한 장씩 가져갑니다. 이 종이가 '문제 땅'이 됩니다.

❷ 문제 땅(반으로 잘린 삼각형 모양의 A4 용지)을 4~5개의 칸으로 구분합니다. (나눠진 칸의 크기는 반드시 같지 않아도 됩니다.)

❸ 문제 땅에 문제를 출제합니다. (문제의 난이도에 비례하여 땅의 크기를 선택하는 것이 좋습니다.)

❹ 문제 땅에 문제를 출제한 뒤, 다른 모둠 학생들과 교환합니다. (자기가 출제한 문제를 자기가 풀지 않기 위한 대책입니다.)

❺ 모둠에서 모인 네 조각의 문제 땅을 하나로 모아 붙입니다.

❻ 바둑알을 이용해 문제 땅따먹기 게임을 시작합니다.

❼ 바둑알을 손가락으로 튕겨, 그 칸에 들어가면 문제를 친구들에게 설명하며 풀이합니다. 이때, 나머지 학생들은 올바른 과정으로 문제를 풀이하는지 지켜봅니다. (같은 칸에 다시 들어갈 경우, 다시 바둑알을 튕깁니다.)

❽ 풀이가 맞으면, 색연필을 이용하여 자신의 땅임을 표시합니다. 풀이가 틀린 경우에는 기회가 다른 친구에게 넘어가게 됩니다.

❾ 땅을 가장 많이 차지한 학생이 승리합니다.

□ 달리쌤이 전하는 팁

❶ 학급, 모둠 학생들이 합의할 경우 규칙을 수정하여 적용할 수 있습니다.

❷ 하위권 학생들의 경우, 문제를 만드는 것을 어려워하기도 합니다. 이럴 때는 수학 익힘책의 문제에서 숫자만 바꿔서 출제하는 방법을 안내하거나, 학습지

를 제공해서 그 문제를 그대로 써보게 하는 것도 방법이 될 수 있습니다.

❸ 이 활동은 모둠 활동뿐만 아니라 짝 활동으로도 실천할 수 있습니다. 교실 중앙에 충분한 공간이 있다면 학습 과제를 먼저 마친 학생끼리 중앙에 모여 게임을 시작하는 것으로 학습의 속도 차에 대한 해답을 찾을 수 있습니다.

❹ 문제 땅따먹기에 익숙해진 뒤에는 학생들이 출제하는 문제의 품질을 높일 수 있는 방법에 대한 고민이 필요합니다. 이를 위해서는 학생들과 함께 어떤 문제가 좋은 문제인지 논의해보아야 합니다.

❺ 거꾸로 교실 디딤 영상과 함께 활용할 경우, 학생들의 활동시간을 좀 더 확보해줄 수 있기 때문에 더욱 효과적입니다.

[놀이학습 11]
두더지 발표 : 모두가 발표하다

두더지 발표

두더지 발표는 두더지 잡기 게임에서 영감을 얻은 방법입니다. 교사의 발문에 학급 전체의 학생들이 자신의 생각을 표현해본다는 것에 의미가 있습니다. 40분 동안 한 번도 자신의 생각을 표현하지 않거나, 못하는 학생들을 위해 이 방법을 실천해보세요.

교사의 발문에 대한 자신의 생각을 기록한 뒤, "두더지"라는 구호가 들리면 학급 전체가 자리에서 일어납니다. 그리고 교사가 한 명의 학생을 호명하여 발표하게 합니다. 발표를 한 학생과 그 학생과 비슷하거나 같은 의견을 가진 학생은 자리에 앉습니다. 직접 소리를 내 발표하지 않더라도 자신의 의견을 간접적으로 표현하게 되므로, 교사가 학생들의 이해도를 확인할 수 있는 방법입니다.

□ 활용 방법

❶ 교사는 수업 내용에 대해 개인별 생각을 쓸 시간을 제공합니다.

❷ 교사가 "두더지"라는 구호를 외치면 학급 전체가 자리에서 일어납니다.

❸ 교사는 한 명의 학생을 지명하여 의견을 묻습니다.

❹ 지명된 학생은 자신의 생각을 발표합니다.

❺ 친구가 발표한 내용과 자신의 생각이 비슷하거나 같으면 자리에 앉습니다.

❻ 나머지 서 있는 학생들에게 발언의 기회를 다시 줍니다.

❼ 같은 방식으로 반복해서 진행합니다. 자신의 의견을 말하거나 발표자와 비슷한 의견일 경우 자리에 앉습니다. (직접 발표를 하지 않더라도 의견이 같아 자리에 앉는다면 1회의 발표로 인정해줍니다.)

□ 달리쌤이 전하는 팁

❶ 두더지 발표 전 궤간 순회를 통해 조금 특별한 대답, 생각을 가지고 있는 학생들을 기억해두어야 합니다. 그래서 특별한 의견을 가진 학생들을 먼저 지명한 뒤, 일반적인 의견의 학생들을 지명하는 것이 좋습니다. 그 이유는 일반적인 의견이 먼저 지명되면 초반부터 많은 학생들이 자리에 앉게 되기 때문입니다. 그러다 보면 나중에 나오는 특별하고 창의적인 의견에 대해 집중도가 떨어질 수 있습니다. 그러므로 초반부에 창의적인 의견을 가진 학생의 발표를 듣는 것이 효과적입니다.

❷ 눈치를 보다 친구들이 앉을 때 따라 앉는 학생들이 분명 있습니다. 보통 그런 학생은 발표에 두려움을 느끼는 학생일 것입니다. 중요한 것은 자기 생각을 갖는 것이라고 독려한다면 자신감이 부족한 학생들도 도전할 수 있을 것입니다.

배움 티켓(입장권) : 배움의 공간에 들어오다

배움 티켓(입장권)

배움 티켓을 입장권(entry ticket)의 목적으로 사용하는 방법입니다. 입장권은 수업의 도입 단계(혹은 수업을 시작할 때)에서 교사가 던지는 질문에 대한 답을 티켓에 기록하여 제출하는 것입니다. 여기에는 '수업'이라는 배움의 공간에 들어오겠다는 참여의 의미가 담겨 있습니다. 부담감을 줄여주기 위해 익명으로 작성하는 것이 좋습니다. 수업을 시작하기 전 학생들의 이해도를 파악할 수 있는 간단한 방법입니다.

수업 시작과 동시에 배움 티켓을 활용하는 방법도 있습니다. 이 경우에는 모두 복도에서 줄을 서서 입장권을 받아 교실에 실제로 '입장'

하는 것입니다. 이렇게 사용하기 위해서는 배움 티켓(입장권)이 매일 같은 곳에 있어야 합니다. 그래야만 수업 습관으로 자리 잡을 수 있습니다. 학생들은 배움 티켓을 제출하기 위해 지난 시간, 이번 시간의 학습 내용을 다시 들춰보게 됩니다.

□ 활용 방법

❶ 교사는 수업에 대한 사전 지식을 확인할 수 있는 질문을 미리 준비합니다.

❷ 학생들은 입장권에 답을 기록하여 제출합니다. 입장권은 현실감을 주기 위해
A4 용지보다는 실제 영화 티켓 크기의 종이나 색깔이 있는 카드 형식으로
만드는 것이 효과적입니다.

❸ 교사는 학생들의 이해도를 확인합니다. 이를 통해 추후 수업의 방향을 결정
합니다.

□ 달리쌤이 전하는 팁

❶ 디딤 영상을 활용하여 거꾸로 교실 수업을 할 경우, 디딤 영상을 잘 보고 왔
다는 것을 표현하기 위해 책상에 배움 티켓을 올려두거나 주머니에 끼워놓
는 방식으로 사용할 수 있습니다. 수업 시간 전, 학생들의 수업 준비도 확인
이 훨씬 수월해집니다.

❷ 수업 시작과 동시에 배움 티켓을 활용하는 방법도 있습니다. 이 경우에는 모
두 복도에서 줄을 서서 입장권을 받아 교실에 실제로 '입장'하는 것입니다.
이 방식은 학생들이 훨씬 재미있어 합니다.

❸ 다음과 같은 경우에 사용할 수 있습니다.

– 이전 차시 수업 내용에 대한 확인이 필요할 때

– 과제에 대한 이해도를 확인할 때

❹ 굳이 티켓이 아니라 활동지로 제시하는 방법도 있지만 초등학생들의 경우
실제성을 느낄 수 있는 티켓 형식을 더 좋아합니다.

[놀이학습 9]
배움 티켓(퇴실권) : 배움의 공간에서 나가다

배움 티켓(퇴실권)

배움 티켓을 퇴실권(exit ticket)의 목적으로 사용하는 방법입니다. 학생 참여형 수업에서는 학생들이 그 차시에 배운 내용을 제대로 이해했는지 확인하는 절차가 반드시 필요합니다. 확인하지 않는다면 수업 시간이 그저 친구들과 즐겁게 이야기만 하다가 끝나버릴 수도 있기 때문입니다.

퇴실권은 수업의 정리 단계에서 교사가 던지는 질문에 대한 답을 배움 티켓에 기록하여 제출하는 것입니다. '수업'이라는 배움의 공간에서 나가겠다는 퇴실의 의미가 담겨 있습니다. 입장권과 다르게 이름을 기록하는 것이 좋습니다. 그래야만 개인별 이해도를 파악하여 쉬는 시간이나 다음 차시에 지원·보충해줄 수 있습니다.

교실 환경판과 배움 티켓을 결합하는 방법도 있습니다. 선생님이 던진 질문에 대한 답을 배움 티켓에 적어 환경판에 게시하는 것입니다. 게시되어 있는 배움 티켓이 다르므로 배우게 될 내용의 단서가 되어주기도 합니다.

□ 활용 방법

❶ 교사는 수업의 이해도를 확인할 수 있는 핵심 질문을 준비합니다.

❷ 학생들은 퇴실권에 이름과 답을 기록하여 제출합니다.

❸ 교사는 티켓을 통해 학생들의 이해도를 확인합니다.

❹ 올바른 답을 적지 못한 학생에게는 재도전의 기회를 제공합니다.

❺ 성취 기준을 달성하지 못한 학생들을 위한 보충지도 시간을 갖습니다. (쉬는

시간, 점심시간, 또래교사 이용)

□ 달리쌤이 전하는 팁

❶ 배움 티켓(퇴실권)을 효과적으로 사용할 수 있는 방법

　－ 출제하는 문제가 간단해야 한다.

　－ 빠르게 답을 적을 수 있는 문제여야 한다.

　－ 뒷문에서 배움 티켓을 받고 학생들을 교실에서 내보내주는 방법을 사용하면 학생들이 더 흥미로워합니다.

❷ 티켓이 아니라 구두로 학생들의 이해를 확인하고 퇴실시켜주는 방법도 있습니다. 이 경우 교사는 교실의 뒷문에 서 있고 학생들은 줄을 서서 기다립니다. 교사가 던지는 질문에 해당하는 답을 해야만 교실 밖으로 퇴실할 수 있습니다. (이때 다양한 답이 나올 수 있는 질문을 하는 것이 좋습니다. 모두 같은 답을 이야기해야 한다면 스스로 생각하지 않고 앞에서 들었던 답만 이야기하고 나가려 하기 때문입니다.)

❸ 다음과 같은 경우에 사용할 수 있습니다.

　－ 수업의 핵심을 한 문장으로 요약하기

　－ 수업과 관련된 핵심 질문에 답하기

　－ 여전히 궁금한 내용에 대해 질문하기

비주얼씽킹 : 생각에 날개를 달아주다

비주얼씽킹이란?

비주얼씽킹을 한마디로 표현하면 이렇게 말할 수 있습니다.

"머릿속 생각을 시각적으로 표현하는 것."

비주얼씽킹의 의미를 좁은 의미와 넓은 의미로 나누어 정의하는 경우도 있습니다. 국내 1호 비주얼씽킹 강연자 온은주 작가의 『Visual thinking으로 하는 생각정리의 기술』에서는 비주얼씽킹을 이렇게 정의합니다.

"비주얼씽킹은 좁은 의미의 정의와 넓은 의미의 정의로 나누어 설명할 수 있다. 좁은 의미의 비주얼씽킹이란 글과 그림으로 생각과 정보를 기록, 표현하는 것을 말하는 것으로 생각과 정보에 대해 그림을 그릴 줄 알고 기록과 표현을 할 줄 아는 것이다. 기록과 표현을 하는 손쉬운 방법은 핸드 드로잉으로, 좁은 의미의 비주얼씽킹에서는 손 스케치를 강조한다. '생각'이라는 넓은 틀 안에 '비주얼씽킹'이 속해 있고, 비주얼씽킹의 틀 안에 손 스케치인 '핸드드로잉 씽킹'이 있다. 넓은 의미의 비주얼씽킹의 정의는 좁은 의미의 비주얼씽킹 정의에서 두 가지가 다음의 방향으로 확장된다. 첫째, 목적의 확장이다. 기록과 표현이라는 비주얼씽킹의 목적이 확장되어, 다른 사람과의 소통을 원활할 수 있도록 돕고, 기획력과 창의력을 높이는 부분까지 확장한다. 둘째, 툴의 확장이다. 글과 그림이라는 툴이 확장되어, 이미지, 사진, 신체를 사용한 비언어 등이 포함된다. 또한 디지털 도구를 사용하여 영상 제작 등 다양한 방법으로도 확장한다."

– 온은주, 『Visual thinking으로 하는 생각정리의 기술』, 영진.com, 2014, 45쪽

몇 해 전부터 비주얼씽킹이라는 단어가 교육계에 붐을 일으키고 있습니다. 현재 시중에 출판되어 있는 도서만 보더라도 비주얼씽킹의 인기를 실감할 수 있습니다. 『교실 속 비주얼씽킹』, 『행복한 교실 수업을 위한 비주얼 씽킹 교과서』, 『비주얼 씽킹 수업』, 『참쌤의 비주얼씽킹 끝판왕』 등, 이 외에도 더 있습니다. 비주얼씽킹이 폭발적인 인기를 끌고 있는 이유는 무엇일까요?

우치갑 선생님 등이 비주얼씽킹 수업연구회에서 발간한 『비주얼 씽

킹 수업』이라는 책에서는 그 이유를 이렇게 이야기합니다. 비유가 멋진
글이기도 합니다.

"다른 산에는 많이 가봤지만 설악산에는 처음 가봤기 때문에 그것이 바
다인줄 알았다고 말하는 사람이 있을까? 한라산과 백두산, 지리산은
모두 다르지만 우리 머릿속에는 산이라는 이미지가 새겨져 있다. 형태
가 다르더라도 산인지 바다인지 우리는 구분할 수 있다. 만약 산이나
바다의 이미지처럼 정보를 이미지화한다면 어떨까? 정말 일반적인 이
미지처럼 오래 기억할 수 있을까? 수업 시간에 접하게 되는 정보는 우
리 머릿속에 있는 수많은 이미지만큼 오래가지 않는다. 우리는 배운 것
을 장기 기억하기 위해 노트 필기, 반복 읽기 등의 노력을 해왔다. 말로
설명하기 어려운 내용이나 개념을 보다 효율적으로 기억할 수 있는 방
법은 없을까? 비주얼씽킹에 그 해답이 있다. 따라서, 비주얼씽킹은 다
양한 영역의 뇌 기능을 향상시킨다. 복잡하고 어려운 내용, 개념들을
이미지로 표현하면 장기기억에 효율적이다. 비주얼씽킹을 습관화하면
복잡한 정보를 단순화하고 이미지화하여 창의적인 생각과 표현을 하
게 된다. 우리는 이러한 이미지 요소를 통해 머릿속의 이미지를 구축할
수 있고 오랫동안 기억할 수 있다."

– 우치갑, 『비주얼 씽킹 수업』, 디자인펌킨, 2015, 18쪽

비주얼씽킹은 생각을 이미지로 체계화시키는 것입니다.

비주얼씽킹 수업을 사랑할 수밖에 없는 이유

하나, 비주얼씽킹 수업은 창의력을 높여줍니다.

머릿속 생각을 시각적인 이미지로 표현하기 위해서는 상상해야 합니다. 상상은 창의력을 높여주는 가장 확실한 방법입니다. 『생각의 탄생』의 저자인 로버트 루트번스타인 미시간주립대 교수는 "창의력을 발휘하는 첫 번째 전략은 상상하는 것이며 모든 행동은 상상에서 시작된다."라고 말했습니다. 마음과 머릿속에서 자유롭게 상상하며 그림을 그리는 것은 상상력과 창의력을 길러주는 데 효과적입니다.

둘, 비주얼씽킹 수업은 학생들이 능동적으로 참여하게 만들어줍니다.

수업이 5분 정도 일찍 끝나게 되면 학생들이 찾아와 이렇게 묻습니다. "선생님, 그림 그려도 돼요?"

그림 그리기는 많은 학생들이 좋아하는 활동입니다. 시키지 않아도 찾아서 하는 것이죠. 외적 동기가 아닌 내적 동기로 참여하게 되는 것이 그리기입니다.

학생들은 비주얼씽킹 수업에도 자발적으로 참여합니다. 스스로 생각하며 글과 그림으로 표현해가는 수업의 주체로 참여하게 됩니다. 거꾸로 교실, PBL, 토의·토론 수업과 같이 학생의 참여가 중심이 되는 수업 형태에 효과적입니다.

셋, 비주얼씽킹 수업은 오래 기억하게 해줍니다.

기억에 대한 이야기를 하게 되면 독일의 심리학자 에빙하우스의 '망각곡선 이론'을 꺼내지 않을 수 없습니다. 그의 이론에 따르면 어떤 것을 배운 뒤 10분이 지나면 망각이 시작된다고 합니다. 물론 현실에서는 1분 만에 망각하게 되는 경우도 있지만요. 이어서 설명하면 한 시간 뒤에는 50%를, 하루 뒤에는 67%를, 한 달 뒤에는 80%를 잊어버린다고 합니다. 우리 반 학생들이 지난 달 배웠던 '대한제국의 성립 과정'을 깨끗이 잊어버린 걸 보면 그의 이론은 정말 타당한 것 같습니다.

하지만 망각의 속도를 늦출 수 있는 방법이 있습니다. 바로 이미지를 사용하여 기억하는 것입니다. 우리의 뇌는 텍스트보다 이미지를 더 오래 기억합니다. 어제 읽었던 책의 구절은 기억하기 어렵지만 어제 본 영화의 장면은 쉽게 떠올릴 수 있지요. 비주얼씽킹 수업은 이미지로 표현하는 것만으로 끝나지 않습니다. 글과 그림으로 표현한 내용을 이용해 친구들과 토론하고 공유하게 되죠. 이 경험은 장기기억에 저장됩니다.

넷, 비주얼씽킹 수업은 지식을 재구조화하는 능력을 길러줍니다.

비주얼씽킹 수업에서 학생들은 글과 그림을 이용해 자신의 생각을 정리합니다. 교사 위주로 진행되는 강의 내용을 그대로 받아 적는 전통적 수업 방식과는 차이가 있지요. 머릿속에서 중요한 내용과 중요하지 않은 내용을 구분하며 작품을 만들어가게 됩니다. 지식이나 정보의 선후관계나 위계관계를 이해할 수 있어야만 이미지화할 수 있겠죠? 습득한 지식, 정보를 재구조화하는 능력(지식의 수정 · 통합 · 재구조화 능력)을 비주얼씽킹을 통해 기를 수 있습니다.

4
학생들의 표현력을 길러주는 비주얼씽킹 레시피

　　많은 학생들, 교사들이 가지고 있는 오해가 있습니다. '비주얼씽킹을 실천하기 위해서는 그림을 잘 그려야 하는 것이 아닐까?' 하는 생각입니다. 정답부터 말하겠습니다. "아닙니다."

　　비주얼씽킹을 배운다는 것은 생각을 잘 정리해서 표현하는 기술을 배우는 것입니다. 아이디어를 시각화해서 종이 위에 간단하게 표현하면 됩니다. 미술 교과에서 그림을 그리는 것과는 전혀 다르죠. 구체적이거나 정밀하게 그릴 필요가 없습니다. 복잡하지 않게, 간단하게 그리는 것이 비주얼씽킹의 철학에 부합합니다. 그렇기 때문에 미술적 감각이 없어도 누구나 할 수 있습니다. 단, 배우고 연습한다면 말이죠. '연습과 노력은 배신하지 않는다.'라는 명언은 비주얼씽킹에도 똑같이 적용됩니다. 지금부터 소개하는 방법들을 활용한다면 학생들의 표현력을 길러줄 수 있습니다.

비주얼씽킹 표현력을 기르는 방법

하나, 비주얼씽킹 카드를 활용한다.

시중에서 판매되고 있는 비주얼씽킹 카드는 두 종류입니다. 광주전남 비주얼씽킹 연구회에서 제작한 '비주얼씽킹카드'와 비주얼러닝 연구소에서 제작한 '교실 속 비주얼씽킹 카드'가 있습니다. 물론 지금까지의 인기로 봤을 때 앞으로 새로운 카드가 출시될 수도 있겠지요.

비주얼씽킹 표현력을 기르는 첫 번째 방법은 비주얼씽킹 카드를 활용하는 것입니다. 광주전남 비주얼씽킹 연구회 선생님들께서는 카드를 제작하게 된 이유를 이렇게 설명했습니다. "학생들이 비주얼씽킹을 어떻게 하면 재미있게 배우고 익힐 수 있을까를 고민하던 교사들은 카드 형태로 제공한 비주얼씽킹 카드를 활용해 수업을 할 때, 학생들이 비주얼씽킹의 개념을 쉽게 받아들이고 카드를 주고받으며 게임처럼 즐겁게 활동하는 모습을 발견하게 되었다."

카드놀이는 학생들이 좋아하는 활동 중 하나입니다. 카드를 이용해 서로의 감정을 나누거나 이야기를 만들다 보면 자연스럽게 표현력이 길러집니다.

둘, 직접 비주얼씽킹 카드를 만들어본다.

DIY라는 단어를 많이 들어보셨죠? DO-IT-YOURSELF의 약자가 DIY입니다. '소비자가 원하는 것을 직접 만들어보는 것'을 말합니다. 보통 가죽공예 DIY, 펠트 공예 DIY, 수납장 DIY와 같은 경우에 사용됩니다. 구입한 기성품 속에는 내가 원하는 것이 들어 있지 않을 수도 있습니다. 비주얼씽킹 카드도 마찬가지입니다. 교과목에 따라 자주 사용되는 단어나 개념들이 다르기도 하고요. 그래서 비주얼씽킹 카드를 직접 만들어보는 것을 추천합니다.

교사가 만들 수도 있고 학생들이 직접 만들 수도 있습니다. 학생들이 만들어보는 방법을 추천합니다. 직접 카드를 만들면서 개념에 대한 이해가 명확해지는 효과가 있기 때문입니다. 카드를 만들면서 배워버리는 것이죠. 이렇게 완성된 카드는 직접 만든 '나의 것'이기 때문에 구입한 제품보다 훨씬 소중하게 여기게 됩니다.

셋, 아침 시간을 활용하여 연습하자.

톨스토이는 이렇게 말했습니다. "매일 작업하지 않고 피아노나 노래를 배울 수 있습니까. 어쩌다 한 번으로 얻을 수 있는 것은 결코 없습니다."

비주얼씽킹도 마찬가지입니다. 매일 꾸준히 연습하는 것이 표현력을 향상시키는 가장 빠른 방법입니다. 선생님 교실의 학생들은 아침 시간에 무엇을 하나요? 대부분의 교실에서 아침 독서를 합니다. 그런데 학생들에게 물어봤더니 역설이게도 '대부분의' 학생들이 책을 읽지 않는다고 합니다. 읽는 척할 뿐이죠. 책만 펴놓고 멍 때리거나 다른 생각을 한다고 합니다.

그렇다면 아침 시간에 비주얼씽킹을 연습하는 것은 어떨까요? 3분이면 됩니다. 그림 카드 한 장을 보여주며 그대로 따라 그리는 것입니다. 샘플은 인터넷 세상 속에 무궁무진합니다. 비주얼씽킹 카드도 좋고요. 단, 여기서 기억해야 할 것이 있습니다. 샘플을 하루에 한 개씩만 줘야 합니다. 한 번에 여러 개의 샘플을 줘버리면 '다음에 뭐가 나올까?' 하는 흥미를 유발할 수 없습니다. 매일 조금씩 연습해보세요. 그리고 습관의 힘을 믿어보세요.

넷, 비주얼씽킹 도감을 만들자.

빠른 시간에 비주얼씽킹 실력을 향상시키는 방법이 있습니다. 이 방법은 그림에도 적용되는데, 화가들이 즐겨 사용하는 비법이기도 합니다. 바로 '따라 그리기'입니다. 화가들은 다른 화가의 작품을 그대로 그려보는 연습을 통해 성장합니다. 비주얼씽킹도 마찬가지입니다. 잘 표현된 것을 보고 따라 그리다 보면 실력이 늘어납니다. 따라 그리기 위해서는 보고 그릴 것이 필요하겠죠? 이때 필요한 것이 바로 비주얼씽킹 도감입니다.

비주얼씽킹 도감은 비주얼씽킹 카드를 한 단계 발전시킨 것입니다. 카드는 망가지거나 잃어버리기 쉽다는 단점이 있습니다. 학생들과 함께 비주얼씽킹과 관련된 정보가 담긴 도감을 만들어보세요. 어떻게 그려야 할지 막막할 때면 자신이 만들어놓은 도감만 펼치면 됩니다. 이렇게 만든 도감을 지속적으로 수정하고 편집해가면 금상첨화겠죠? 필요할 때 찾아보고 빠진 내용이 있으면 추가하고. 표현력 향상은 덤입니다.

다섯, 간단하게 그리자.

비주얼씽킹을 활용해서 수업을 하다 보면 예술가 스타일의 학생들을 만나게 됩니다. 간단하게 그려야 하는데 모든 에너지를 다해 열심히 그리는 유형이죠. 꼼꼼하게 색깔까지 바꿔가며 열정적으로 칠합니다. 그렇지만 비주얼씽킹에서는 잘 그릴 필요가 없습니다. 의미가 잘 전달되도록 그리면 됩니다. 중요한 것은 그림 실력이 아닙니다. 창의적인 아이디어를 고민하는 시간과 과정이 훨씬 중요합니다.

브레인 디자인 : 아이디어를 넣다

브레인 디자인

학생들은 이런 질문을 자주 합니다. "선생님! 그림 그려도 되나요?" 이 질문에서 아이디어를 얻게 된 방법입니다.

브레인 디자인은 학습한 내용이나 개념을 그려보며 성찰할 수 있는 기회를 제공해주는 것입니다. 다시 말해, 학습한 내용으로 그림을 그려보는 것이죠. 이해한 것을 그림으로 표현하는 것은 의외로 강력한 효과를 지닙니다. 사전에 비주얼 씽킹에 대한 연습이 되어 있을수록 효과를 발휘합니다(Dodge, 2009).

얼굴의 윤곽을 그려 절반씩 나누어 작성할 수 있습니다. 한쪽에는 그림을 그리고 한쪽에는 글을 써도 됩니다. 브레인 디자인에서는 그림을 자세하게 그리는 것보다 3분 정도의 짧은 시간 동안 간단하게 그려보는 것이 좋습니다. 직관적이고 명료하게! 스톱워치를 이용해서 두세 번만 연습해도 학생들은 충분히 해낼 수 있을 것입니다. 브레인 디자인의 템플릿은 블로그 '달리플래닛'을 통해 나누고 있습니다.

□ 활용 방법

❶ 교사는 브레인 디자인 활동지를 나눠줍니다.

❷ 학생들은 학습한 내용 중 의미 있었던 경험이나 교사가 제시해준 핵심 개념을 그림과 글로 표현합니다.

❸ 브레인 디자인의 내용을 공유합니다.

❹ 학생들의 그림을 바탕으로 이해도를 확인하고, 그 결과를 수업에 반영합니다.

❶ 브레인 디자인 활동지를 종료 티켓의 용도로 사용할 수 있습니다.

❷ 이해한 개념을 그림으로 표현하는 수업에서 효과적입니다.

– 내가 생각하는 '자원의 희소성'의 의미를 그림과 글로 표현해보세요.

– 내가 생각하는 '성평등'의 의미를 그림과 글로 표현해보세요.

– 내가 생각하는 '확대가족'의 의미를 그림과 글로 표현해보세요.

– 내가 생각하는 '인권'의 의미를 그림과 글로 표현해보세요.

– 내가 생각하는 '삼국통일'의 의미를 그림과 글로 표현해보세요.

[비주얼씽킹 2]

단원 콜라주 : 단원을 둘러보다

단원 콜라주

단원 도입 활동으로 적합한 활동입니다. 학습 단원의 주제에 대하여 그림이나 단어, 문장을 사용하여 배울 내용을 파악하고 정리해보는 콜라주 작품을 만드는 것입니다(Dodge, 2009).

한 페이지에 이 단원에서 배워야 할 내용을 8~10개의 그림, 기호, 캡션으로 나타냅니다. 언어적 사고력이 우수한 학생들뿐만 아니라 시각적 표현에 소질이 있는 학생들에게도 능력을 발휘하는 기회를 제공해줄 수 있습니다. 콜라주를 작성하기 위해서는 단원의 내용을 살펴보며 머릿속에서 정보를 조직해내는 과정이 필요합니다. 이 과정을 수업 중에 살펴보며 자연스럽게 학습 단원에 대한 학생들의 이해 정도를 확인하고, 평가의 도구로 활용할 수 있습니다.

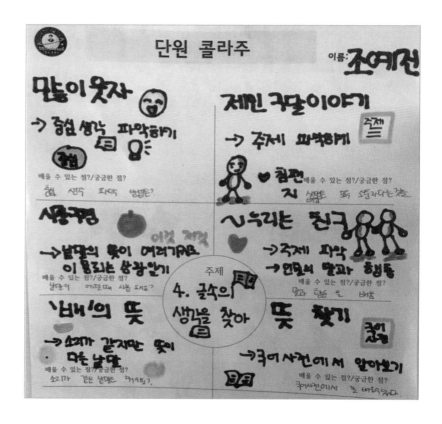

□ 활용 방법

❶ 단원 콜라주를 처음 접하는 학생들은 어려워할 수 있습니다. 그러므로 예시
자료를 제공하는 것이 중요합니다.

❷ 단원에서 배울 내용을 교과서를 찾아보며 브레인스토밍을 합니다.

❸ 브레인스토밍 한 아이디어 중 중요한 내용을 함께 짚어보며 개념 간 위계관
계를 생각해보고 이야기를 나눕니다.

❹ 사진이나 그림을 포함시킬 수 있는 내용이 있는지 생각해봅니다.

❺ 콜라주에 들어갈 단어, 그림 등을 결정합니다.

❻ 개인별/모둠별로 단원 콜라주를 작성합니다.

□ 달리쌤이 전하는 팁

❶ 단원을 시작하기 전 단원 도입활동으로 활용할 경우, 배경지식을 활성화시키
고 단원 학습에 대한 흥미를 유발할 수 있습니다.

❷ 차시 수업이 끝날 때마다 학습 내용을 작은 카드에 기록하며 하나씩 누적해
가는 방식으로 사용할 경우, 단원 학습이 끝난 뒤 전체 내용을 조망해보는
자료로 활용할 수 있습니다.

❸ 단원 학습이 끝난 뒤 가장 중요한 개념이나 용어를 정리해보며 단원 콜라주
를 완성한다면 자연스러운 복습의 효과를 누릴 수 있습니다.

TOP 5 : 다섯 가지 키워드를 뽑다

TOP 5

TOP 5는 학습 내용이나 학급에서 논의하고 싶은 내용의 우선순위를 정해 1위부터 5위까지로 표현하는 방법입니다. 아주 단순한 방법이지만 머릿속에서 우선순위를 정하는 행위 속에 흥미나 기호가 반영될 뿐만 아니라, 학생들이 중요하게 생각하는 활동이 무엇인지 확인해볼 수 있습니다. 일상 수업에 이 원리를 적용하자면 '오늘 수업에서 가장 중요하다고 생각하는 TOP 3'와 같은 형식으로 변형해서 사용할 수 있습니다.

어떻게 발표하느냐에 따라 TOP 5의 느낌이 완전히 달라집니다. 가장 아래에 기록한 것부터 순서대로 올라가며 발표합니다. 위로 갈수록 흥미롭거나 중요성이 높은 것이어야 합니다. 두근거리는 효과음도 빼놓을 수 없습니다. 두 손바닥으로 책상을 번갈아 두드리며 긴장감 넘치는 분위기를 만들어보세요. 발표하는 학생, 어떤 대답이 나올지 기대하는 학생 모두 즐겁게 참여할 수 있습니다.

□ 활용 방법

❶ 교사는 그날의 수업이나 학습 활동에 관련된 주제를 제시합니다.

❷ 학생들은 주제와 관련된 내용에 대해 개인적으로 생각하거나 짝, 모둠 구성원들과 함께 생각을 공유합니다.

❸ 학습한 내용/하고 싶은 활동에 대한 우선순위를 정하여 활동지에 표현합니다. 이때 활동지에 너무 자세한 이유까지는 작성하지 않습니다. 왜냐하면 TOP 5가 갖춰야 할 요소 중 하나는 '명쾌함'이기 때문입니다.

❹ 교사는 활동지를 보고 학생들의 이해도나 흥미, 학급 전체 학생들의 기호를 파악하여 수업에 반영합니다.

□ 달리쌤이 전하는 팁

❶ 다양한 방식으로 변형하여 사용할 수 있습니다.

　－ 단원 시작 전 흥미로울 것 같은 주제 TOP 5 정하기

　－ 단원 시작 전 가장 궁금한 질문 TOP 5 정하기

　－ 우리 고장에서 가장 유명한 것 TOP 5 정하기

　－ 식물의 광합성을 위해 필요한 것 TOP 3 정하기

　－ 건강을 위해 지켜야 할 생활 습관 TOP 5 정하기

　－ 사이 좋은 우리 학급을 만들기 위한 TOP 5 정하기

　－ 지속 가능한 발전이 필요한 까닭 TOP 5 정하기

　－ 고려의 우수한 문화재 TOP 3 정하기

[비주얼씽킹 4]
마인드맵 : 생각의 지도를 그리다

마인드맵

1971년 영국의 토니 부잔에 의해 창시된 이래로 전 세계의 다양한 분야에서 사용되고 있는 학습 이론입니다. 심지어 저학년, 유치원 학생들까지도 마인드맵을 사용하고 있으니 그 영향력은 더 이상 설명할 필요가 없을 것 같습니다. 엄청난 정보를 기계적으로 암기해오던 기존의 학습 방법이 아닌, 정보를 종이에 지도를 그리듯 정리해나가는 방법입니다.

마인드맵의 요소 : 이미지, 키워드, 색, 부호

마인드맵은 미국과 유럽에서는 배우는 방법을 배우는 획기적인 학습도구로서 1970년대부터 유아에서부터 초 · 중 · 고교, 대학과 기업에까지 널리 보급되어왔습니다. 우리나라에서는 2000년부터 적용된 7차교육과정 교과서에 마인드맵이 일부 적용되기 시작하였습니다.

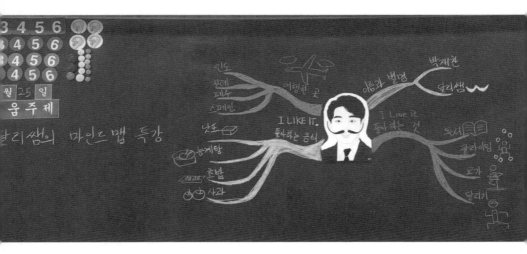

□ 활용 방법

❶ 종이는 가로로 놓고 사용하는 것이 좋습니다.

❷ 생각의 핵심이 되는 중심내용(주제)은 항상 가운데 중심 이미지에서 시작합니다.

❸ 중심 이미지에 연결되는 가지는 나뭇가지의 가지처럼 굵게 시작하여 가늘게
뻗어나갑니다.

❹ 가지는 핵심 이미지와 핵심어를 통해 연결됩니다. (코넬식 노트 정리에서 '인출 단
서'에 해당하는 것이 마인드맵에서의 핵심어가 됩니다.)

❺ 이어지는 가지들도 나뭇가지의 마디처럼 서로 연결되는 구조로 이어갑니다.

□ 달리쌤이 전하는 팁

❶ 처음 시작할 경우, 교사가 중심 내용과 큰 가지를 그리고 잔가지 한두 개를 비워놓고 이를 채우는 방법으로 시작하는 것이 효율적입니다. 다음 단계는 잔가지를 교사가 그리고 큰 가지를 학생들이 채우는 것입니다. 여러 가지 개념들을 포괄하는 추상적 개념에 대해 생각해볼 수 있습니다.

❷ 여백의 미를 살려야 합니다. 한눈에 알아보기 쉬운 마인드맵은 여백을 통해 만들어집니다.

[비주얼씽킹 5]

피시본 : 원인을 찾다

피시본

이 방법의 원래 이름은 이시카와 다이어그램(Ishikawa diagrams)입니다. 문제의 원인을 찾거나, 인과관계를 확인하거나, 전체 집합의 부분 집합을 찾아가는 데 유용한 도구입니다. 생긴 모양이 생선 뼈처럼 생겼다고 해서 '피시본 다이어그램'이라고도 불리는데 학생들이 좋아하는 그리기 활동과 함께 인과관계를 생각해볼 수 있어 효과적입니다. 정보를 나무 형태로 구조화하는 방법이므로 본질적으로는 로직트리나 마인드맵과 비슷합니다.

피시본 노트 정리는 해결해야 하는 한 가지 문제에 집중해야 할 때, 결과보다는 이유에 집중해야 할 때, 문제가 일어난 근본적인 이유를 찾아볼 때 사용하는 것이 좋습니다. 우리 주변의 문제를 개선하고자 하는 수업일 경우, '문제 인식' 단계에서 활용하는 것을 추천합니다.

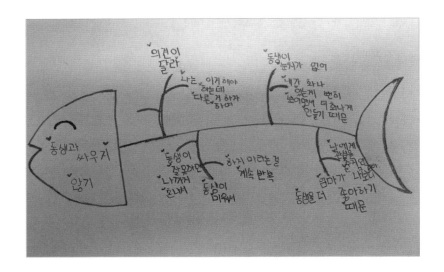

□ 활용 방법

❶ 해결하고자 하는 문제를 생선뼈의 머리 부분에 기록합니다.

❷ 그 문제의 직접적인 원인이라고 생각하는 것을 큰 뼈(1차 가지)에 배치합니다.

❸ 그리고 그 원인의 원인이라고 생각하는 것을 잔뼈(가지의 가지)에 배치합니다.

❶ 학생들이 피시본을 그리기 전에, 학급의 문제를 예로 들어 함께 칠판에 그려
보는 과정을 거치는 것이 좋습니다. 문제에 대한 원인, 그 원인의 원인을 찾
아가는 사고과정 자체가 쉽지 않기 때문입니다. 문제와 문제의 원인에 대해
충분하게 생각해본 뒤 피시본 그리기에 들어가야만 그래픽 조직자 사용의
효과를 맛볼 수 있습니다.

❷ 5 why 기법과 함께 적용하면 효과적입니다.
[5 why 기법 : 문제에 대한 본질을 파악할 때까지 묻고 또 묻고, 다섯 번의
why를 생각해보는 기법]

❸ 저학년들에게는 물고기의 뼈대 자체를 활동지로 제작하여 주는 것이 좋습니
다. 그리기에 에너지를 빼앗길 수 있기 때문입니다.

❹ 그래픽 조직자에 관심이 가는 선생님께서는 로직트리라는 것도 검색해보세
요. 나무처럼 길게 뿌리를 뻗어 논리적으로 사고하도록 도와주는 방법입니
다. 문제를 해결하는 수업에 효과적입니다.

[비주얼씽킹 6]

플로우맵 : 흐름과 순서를 기록하다

플로우맵

플로우 노트 정리는 흐름과 순서에 따라 화살표를 이용하여 기록하는 방법입니다. 문장으로만 간단하게 기록하는 방법에서부터 레이아웃을 만들어 구조화하고 시각화하는 플로우맵, 플로우형 비주얼씽킹 등 다양한 형식으로 응용하여 사용할 수 있습니다. 사건을 차례에 맞게 정리하고 설명하는 수업에 유용합니다.

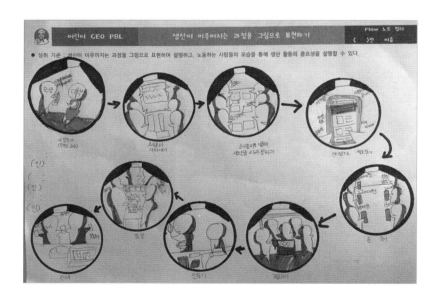

□ 활용 방법

❶ 교사는 학습 주제를 제시합니다.

❷ 학생들은 주제에 맞춰 흐름을 어떻게 표현할지 생각합니다.

❸ 학생들은 큰 덩어리의 단계를 먼저 생각한 뒤, 세부 내용에 대해 생각합니다.
이때, 글로 기록해도 좋습니다.

❹ 사건들의 덩어리를 화살표로 연결합니다.

□ 달리쌤이 전하는 팁

❶ 플로우형 비주얼씽킹으로 표현할 경우 동그라미나 상자의 크기, 개수는 학생
들이 자율적으로 선택하게 하는 것이 좋습니다.

❷ 이런 수업에서 효과적입니다.

　− 국어 : 이야기의 줄거리를 요약할 때

　− 사회(3학년) : 의식주 생활의 변화 과정

　− 사회(4학년) : 물건이 우리에게 오기까지의 과정

　− 사회(5학년) : 경제 성장 과정 파악하기

　− 사회(5학년) : 산업의 발달 과정과 특징

　− 사회(5학년) : 임진왜란의 전개 과정

　− 사회(6학년) : 민주주의의 발전 과정

타임라인 : 시간 순서로 정리하다

타임라인

타임라인 노트 정리는 일이 일어난 시간에 맞춰 학습 내용을 정리하는 방법입니다. 플로우 노트 정리와 비슷한 부분이 있지만 내용의 흐름보다는 '시간'에 따른 변화에 좀 더 포커스를 맞춘다는 점에서 둘을 구분해보았습니다. 옛날과 오늘날의 변화와 관련된 수업에서 활용할 수 있습니다. 또 형성평가와 연결하여 수업 성찰의 목적으로도 사용할 수 있습니다.

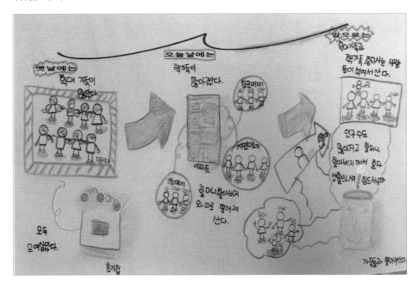

□ 활용 방법

❶ 성찰의 목적으로 사용할 경우, 이해의 변화 과정을 파악할 수 있습니다.

❷ 학습 내용에 대해 짜임새 있게 설명하는 것을 도와줍니다.

❸ 생각의 틀을 제공해주기 때문에 학생들이 좀 더 쉽게 자신의 생각을 구체화시킬 수 있습니다.

□ 달리쌤이 전하는 팁

❶ '이렇게 생각했다–그런데 지금은 이렇게 생각한다–앞으로는 이렇게 생각할 것이다'의 구조에 맞춰 활용할 경우, 세 단계를 한 번에 모두 작성하는 것이 아니라 하나씩 작성하는 것이 학생들의 부담을 줄여줄 수 있습니다.

❷ 완성된 노트 정리를 이용하여 수업의 마지막 부분에 학습한 내용을 설명하게 하는 것이 좋습니다. (스스로의 사고 과정을 머릿속에서 정리해볼 수 있기 때문입니다.) 물론, 처음에는 정리한 내용을 보고 설명했다가 나중에는 점차 보지 않고 설명할 수 있는 수준으로 나아가는 것이 좋습니다.

❸ 이런 수업에서 효과적입니다.

– 옛날과 오늘날, 미래의 모습을 비교하는 수업에서

– 사회(3학년) : 옛날과 오늘날의 생활 모습

– 사회(3학년) : 옛날과 오늘날의 놀이 비교

– 사회(6학년) : 우리 사회의 변화와 앞으로의 과제

[비주얼씽킹 8]
생각 바퀴 : 구역을 나누다

생각 바퀴

생각 바퀴 노트 정리는 주제에 대한 아이디어들을 범주화하여 떠올릴 수 있게 만들어주는 방법입니다. 구역을 나눠가며 정리하기 때문에 자연스럽게 구분하여 분류할 수 있습니다. 서클맵(circle map)과 비슷해 보이지만 구분하여 기록한다는 것이 차이점입니다. 글쓰기 활동을 시작하기 전, 글감을 모으는 목적으로 사용하면 효과적입니다.

□ 활용 방법

❶ 교사는 중심 주제를 안내합니다.

❷ 학생들은 중앙의 작은 원에 중심 주제를 기록합니다.

❸ 학생들은 생각을 범주화할 카테고리(소주제)를 결정합니다.

❹ 카테고리에 맞춰 생각들을 떠올립니다.

□ 달리쌤이 전하는 팁

❶ 라벨지에 인쇄한 생각 바퀴를 가슴에 붙이고, 서로 작성한 내용을 보며 이야기를 주고받는 방법으로 활용할 수 있습니다.

❷ 중앙의 주제 부분을 가려놓고, 주변 내용들을 보고 핵심 주제를 유추하여 맞춰보는 활동을 통해 흥미를 유발할 수 있습니다.

❸ 이런 수업에서 효과적입니다.

　　– 국어(3학년) : 이야기를 읽고 재미있는 장면이나 표현 찾기

　　– 사회(3학년) : 오늘날 아이들의 놀이 모습

　　– 사회(4학년) : 옛날 아이들의 놀이 모습

　　– 사회(4학년) : 우리 지역의 문화유산

　　– 사회(4학년) : 우리 지역의 역사적 인물

　　– 체육(4학년) : 전통놀이의 종류

2부

의사소통능력
: 어떻게 듣고, 말하고, 쓸 것인가?

1

경청 : 귀 기울여 듣게 하라

경청, 습관의 문제다

초등학교 1학년 담임을 맡았을 때의 일입니다.

"'과'라는 글자가 들어가는 말에는 어떤 게 있을까요? 손은 들지 말고 먼저 머릿속으로 생각해보세요. 자, 충분히 생각했나요? 그럼 이제 발표할 사람, 손을 들어보세요."

수업 호응도와 참여도는 1학년 학생들이 최고입니다. 질문이 끝나자마자 너 나 할 것 없이 손을 들어 발표를 시작합니다.

학생들	"과자가 있습니다."
	"약과가 있습니다."
	"과일이 있습니다."
	"사과가 있습니다."
교사	"다들 너무 잘 알고 있네요.
	또 다른 단어를 말해줄 친구가 있을까요?"
학생	"사과가 있습니다."

　친구들의 이야기를 귀담아 듣지 않은 학생이 같은 답을 말한 것입니다. 초등학교 1학년 학생들과 수업을 하다 보면 이런 상황이 자주 발생합니다. 다들 의욕은 만점입니다. 이야기를 하고 싶다는 의욕이 대단하지요. 자기 이야기를 하는 데에만 온전히 집중합니다. 친구들이 이야기할 때도 '나는 이걸 말해야지.'라는 생각만 하는 것입니다. 듣는 것에는 에너지를 쓰지 않습니다.

　듣지를 않다 보니 나왔던 내용과 겹치는 대답을 하게 됩니다. 이야기 도중에 끼어들기도 하고, 생각을 정리하지 않고 떠오르는 대로 뱉어버립니다. 사실 이 문제는 비단 초등학교 1학년 교실에서만 나타나는 현상이 아닙니다. 다른 사람의 말을 끝까지 듣지 않고 자신이 하고 싶은 말만 하거나 이미 발표했던 내용과 겹치게 이야기하는 것은 6학년 교실에서도 비일비재하게 일어나니까요.

　반면 1학년이지만 타인의 이야기를 끝까지 듣는 습관이 몸에 배어 있는 학생도 있습니다. 그런 학생은 절대로 같은 답을 말하지 않습니다. 잘 듣고 업그레이드를 시켜 고품질의 대답을 하려 합니다. 결국 경청은 나이나 발달수준의 문제가 아니라는 것입니다. 습관의 문제라는 것이죠.

의사소통능력이 뛰어나다는 것은 하고 싶은 말을 일방적으로 잘 전한다는 것이 아닙니다. 서로 공감하며 주고받는 것이 진정한 의사소통이지요. 잘 말하려면 잘 들어야 합니다.

경청이란 무엇일까?

경청은 무엇일까요? 자주 언급되는 단어이지만 의미를 꼼꼼하게 따져보는 이는 많지 않습니다. 경청(傾聽)이라는 단어의 한자를 보면 그 의미가 상세하게 담겨 있습니다. 먼저 '傾(경)'이라는 말은 '마음을 기울이다'라는 의미를 지녔습니다. 잘 듣기 위해서는 몸과 마음을 상대에게 기울여야 한다는 뜻이죠. '聽(청)'이라는 말 속에는 좀 더 많은 이야기가 담겨 있습니다.

聽 = 귀 이(耳) + 임금 왕(王) + 열 십(十)

+ 눈 목(目) + 하나 일(一) + 마음 심(心)

들을 청(聽)이라는 단어를 해석해보면 다음과 같은 의미라고 합니다. 귀 이(耳)와 임금 왕(王)은 '왕과 같은 귀'를 의미합니다. 왕의 귀는 백성을 위해 항상 열려 있어야겠죠? 즉, 들을 때 집중해야 한다는 뜻을 담고 있는 것이 왕의 귀입니다. 다음은 열 개의 눈입니다. 모두가 두 개씩 가지고 있는 눈을 열 개라고 한 이유는 무엇일까요? 맞습니다. 집중해서 보라는 의도입니다. 마지막은 하나의 마음입니다. 상대방의 마음과 하나가 되어야 한다는 공감의 가치가 담겨 있습니다. 경청이란 이야기하는 사람이 뱉어내는 단어만 듣는 것이 아닙니다. 몸짓, 표정, 억양 속에 담긴 그 사람의 생각과 마음까지 읽는 것입니다.

이청득심(以聽得心), 경청을 하면 사람의 마음을 얻을 수 있습니다. 이야기를 하는 상대방을 존중해주고 인정해주는 것의 출발점이 바로 경청입니다. 경청은 학습능력에 결정적인 영향을 미치는 생활 습관이며 미래에 꼭 필요한 인성의 핵심 요소입니다. 좀 더 자세한 이야기는 조신영, 박현찬 작가의 『경청』이라는 책을 참고해보시면 좋겠습니다.

경청, 다섯 가지만 기억하자

"잘 듣는 습관을 만드는 것은 정말 중요합니다. 미래 사회를 살아갈 사람들에게 꼭 필요한 능력이기도 하구요. 그러니까 여러분도 언제나 친구들의 이야기를 잘 들어주세요!"라는 이야기를 매일 아침 한 번씩 한다고 가정해봅시다. 이런 훈화 말씀을 반복하는 것만으로 학생들에게 경청하는 습관이 길러질까요? 제 대답은 "아니다"입니다. 다른 것은 몰라도 경청만큼은 듣는 것만으로 절대 배울 수 없습니다. 해보면서 배워가야 합니다. 날마다 반복하며 몸에 배게 만들어야 조금씩 나아집니다.

그러면 어떻게 해야 할까요? 학기 초 학생들에게 경청의 중요성을 설명한 뒤 소개하는 다섯 가지 경청법이 있습니다.

눈 – 눈은 상대방을 바라봅니다.
귀 – 귀는 상대의 이야기를 듣습니다.
입 – 입은 침묵을 유지합니다.
몸 – 몸은 움직이지 않습니다.
손 – 손은 책상 아래에 놓습니다.

모든 대화법의 기초는 상대에게 집중하는 것입니다. 첫걸음이자 완성이죠. 초등학생은 집중할 수 있는 시간이 그리 길지 않기 때문에, 의식적으로 주의 집중하는 것을 연습해야 합니다. 오늘 바로 학생들에게 몸의 다섯 가지 부분을 이용한 경청법을 소개해보는 것이 어떨까요.

잘 듣는 습관 만들기, 수업 시간을 활용하자!

경청은 상대방에게 초점을 맞추고 주의를 집중하는 것입니다. 쉬운 것 같지만 결코 쉽지 않은 일이죠. 자주, 반복해서 연습해야 합니다. 그렇다면 언제 해야 할까요? 3월 초에 경청의 중요성을 한 시간 동안 집중적으로 설명하면 될까요? 매일 아침 수업 시작 전에 경청 연습을 해야 할까요? 따로 시간을 내서 연습하는 것은 현실적으로 어렵습니다. 제가 제안하는 방법은 수업 속에서 자연스럽게 경청하도록 하는 것입니다. 경청해야 하는 상황 속에 학생들을 빠뜨리는 것입니다. 이 과정을 반복하면서 경청은 습관이 됩니다.

경청을 도와주는 수업 아이디어들은 이미 '들어주는 문화'가 형성되어 있는 학급에서는 필요 없는 방법일 수도 있습니다. 자연스럽게 서로에게 집중하며 이야기를 들어준다면 노력할 필요가 없겠지요.

만약 이런 고민을 해본 적이 있다면 도움이 될 것입니다. "1모둠 학생들은 왜 토의를 할 때마다 소란스러울까?", "4모둠에는 대화 중간에 끼어드는 학생들이 왜 이렇게 많지?", "왜 우리 반 학생들은 친구들의 이야기를 들어주지 않을까?", "어떻게 하면 들어주는 문화를 만들 수 있을까?"

우리 교실이 '잘 듣는 교실'로 변하게 될 그날을 위해! 경청을 도와줄 수업 아이디어를 공유합니다.

토킹칩 : 말하기 횟수를 제한하다

토킹칩

"선생님! 저는 한 번도 이야기하지 않았는데요?"

"정표 혼자서만 이야기했어요."

"승진이는 아무 말도 안 하는데요?"

"우리는 안 시켜주고 여자애들끼리만 이야기해요."

교실에서 흔히 들을 수 있는 학생들의 이야기입니다. 어떻게 이런 문제를 해결할 수 있을지 고민하다 떠올리게 된 것이 '토킹칩'입니다. 발언권을 의미하는 '토킹칩'을 이용하여 모둠 내에서 자유롭게 대화의 흐름을 조절하는 방법으로, 눈에 보이는 물체를 이용하여 자연스럽고 흥미롭게 모든 학생이 이야기에 참여하는 분위기를 만들 수 있습니다. 토킹칩은 개인별로 작은 소지품(지우개, 바둑돌)으로 변형하여 사용할 수 있습니다.

학급 전체가 토의하는 상황에서도 토킹칩을 활용할 수 있습니다. 각자 세 개 정도의 칩을 가지고 말을 할 때마다 하나씩 내려놓는 것입니다. 이 방법을 사용하면 말을 할 수 있는 횟수가 제한됩니다. 그래서 신중하게 생각한 뒤, 꼭 필요하다 싶을 때 입을 열게 됩니다.

□ 활용 방법

❶ 모둠 바구니에 모둠원의 수만큼 토킹칩을 준비합니다.

❷ 바구니 속에서 토킹칩을 차례로 하나씩 가져오며 친구들의 작품에 대한 장점을 이야기합니다.

❸ 바구니 속 토킹칩이 모두 없어지면(모든 구성원이 이야기를 했으면), 이번에는 반대로 한 명씩 칩을 바구니에 넣으며 보완했으면 하는 점을 이야기합니다.

❹ 3번까지의 과정을 반복합니다.

□ 달리쌤이 전하는 팁

❶ 토킹칩에는 대화 순서를 결정한다는 것 이상의 의미가 있습니다. 칩을 쥐고 있다는 것은 대화에 참여할 기회를 가지고 있다는 것입니다. 목소리가 큰 학생들 때문에 좀처럼 입을 열지 않던 학생들의 이야기도 들을 수 있게 만들어 주는 방법입니다.

❷ 두 모둠 기준(8인) 토의 시, 개인당 두 개씩 토킹칩을 나누어 줍니다. 발언을

하고 싶을 때 칩을 한 개씩 제출하며 이야기하는 형식으로 운영할 수 있습니다.

❸ 서로 순서를 지키며 토의할 수 있는 문화가 형성되어 있는 학급에서는 필요하지 않은 방법입니다. 하지만 저학년에서는 엄청난 효과가 있습니다. 대화의 기회가 이동하는 것을 시각적으로 확인하는 과정을 통해 참여의 즐거움을 느낄 수 있습니다.

[경청 아이디어 2]
버튼 : 집중하여 듣게 하다

버튼

"선생님! 모둠 1번부터 말하는 순서를 바꿨으면 좋겠어요."

"왜? 무슨 일이 있었니?"

"저는 4번이라 마지막 순서인데 친구들이 이야기를 다 해버려서 할 말이 별로 없어요. 그리고 꼭 제가 이야기할 차례가 되면 모둠 토의 시간이 다 끝나버려요."

보통 모둠 활동을 하게 되면 모둠 내에서 정해진 순서(모둠 내 번호, 시계방향, 반시계방향, 앉은 자리를 기준으로 지그재그로 등)로 순환하며 발표하게 됩니다. 이렇게 하면 모둠 내 구성원들이 적어도 한 번씩은 모두 이야기할 기회를 가질 수 있기 때문입니다.

그런데 이 방법을 실천하면서 발견한 두 가지 문제점이 있습니다. 첫째는 먼저 이야기한 친구들이 모범 답안을 이야기해버려서 다음 번호를 가진 학생들은 자연스럽게 이야기할 소재, 발언할 기회가 줄어든다는 것입니다. 둘째는 다음 번호 학생들이 집중하지 않게 된다는 것입니다. 상대방의 이야기를 주의 깊게 경청하기보다는 자신이 할 말을 준비하는 데 더 에너지를 쏟게 됩니다. 이처럼 순서대로 이야기하는 방법의 단점을 보완한 방법이 '버튼'이라는 토의 방법입니다.

□ 활용 방법

❶ 첫 번째 발표자에게 작은 크기의 버튼을 줍니다. (토킹 스틱으로 대체 가능)

❷ 발표자는 자신의 발표가 끝나면 다음 발표자를 선택하여 버튼을 전달합니다.

❸ 이런 과정을 거쳐 모든 구성원이 한 번씩 발표합니다.

□ 달리쌤이 전하는 팁

❶ 토킹칩과 마찬가지로 서로 순서를 지키며 동등하게 토의하는 문화가 형성되어 있는 학급에서는 필요하지 않을 수도 있습니다. 하지만 버튼이라는 매개물을 이용해 모두가 참여하는 분위기를 만들 수 있다는 장점이 있습니다.

❷ 이렇게 응용할 수 있습니다.

포스트잇을 사용하여 무작위로 순서를 정하는 방법으로 응용합니다.

(1) 포스트잇에 이름을 적고, 질문에 대한 답이나 자신의 생각을 씁니다.

(2) 다 적었으면 모든 포스트잇을 모아 무작위로 섞습니다.

(3) 각자 원하는 카드를 가져갑니다.

(4) 돌아가면서 포스트잇에 적힌 이름의 주인공에게 설명을 부탁합니다.

동그라미 대화 : 눈높이를 맞추다

동그라미 대화

동그라미 대화는 회복적 생활교육에서 강조하는 '신뢰 서클'에서 아이디어를 가져온 방법입니다. 서클은 본래 아메리카 원주민들의 아주 오래된 전통에서 비롯된 것으로, 둥글게 둘러앉아 '토킹 스틱'이라는 도구를 차례로 옆 사람에게 건네고 그것을 받은 사람이 이야기를 하는 형태의 모임을 말합니다.

토킹 스틱은 인디언들이 회의할 때 부족장이 들고 있는 지팡이입니다. 토킹 스틱을 가진 사람만 말할 수 있기 때문에 자연스럽게 경청하는 분위기를 만들 수 있습니다.

'원형'이라는 모형이 지니는 특성으로 인해 동등한 위치와 눈높이에서 이야기를 나눌 수 있다는 것이 큰 특징입니다. 거수, 지명, 발표로 이어지는 고전적 형식의 수업 문화를 벗어나 자유롭고 부담스럽지 않게 자신의 의견을 말하는 분위기를 조성할 수 있습니다.

□ 활용 방법

❶ 모두가 둥글게 원형으로 둘러앉습니다.

❷ 간단한 여는 의식으로 동그라미 대화를 준비합니다. 예를 들어 잠시 눈을 감
고 명상의 자세를 취하거나, 잔잔한 노래를 함께 부를 수도 있습니다.

❸ 동그라미 대화에는 규칙이 있습니다. 반드시 이 규칙에 대한 합의의 과정을
거친 뒤 진행해야 합니다. 이 규칙은 통제의 수단이 아니라 학급 구성원 모
두가 안정적으로 참여하도록 돕고, 수평적인 리더십이 유지될 수 있도록 하
는 장치입니다. 규칙은 다음과 같습니다.

> **첫째, 토킹 스틱을 가진 사람만이 이야기할 수 있다.**
> **둘째, 다른 사람들의 이야기를 경청한다.**

간단하지만 제대로 실천하는 것은 쉽지 않습니다. 본격적인 동그라미 대화를 시작하기 전 학생들과 함께 의미를 되새기는 과정을 가질 필요가 있습니다.

❹ 규칙 안내가 끝난 뒤, 수업과 관련된 내용을 자유롭게 이야기합니다. 모든 학생들의 이야기를 들어볼 필요가 있는 수업의 경우 시계 방향/반시계 방향으로 한 명씩 돌아가며 이야기합니다. (학급 전원에게 발표의 기회 제공)

□ 달리쌤이 전하는 팁

❶ 동그랗게 모일 수 있는 공간을 만드는 방법
   – 교실 책상 배치를 'ㅣㅣ'자로 하는 방법
   – 교실 책상 배치를 'ㄷ'자로 하는 방법

❷ 토킹 스틱은 존중을 시각화해주는 도구입니다. 너무 크지 않으면서 학급 학생들과 관련된 이야기가 담긴 물건이나 공동체의 의미를 설명할 수 있는 도구, 평화의 의미가 담긴 물건이라면 무엇이든 가능합니다. 토킹 스틱의 종류에는 제한이 없지만 볼펜이나 일회용 물병 등 손쉽게 사용되는 것들은 학생들이 의미 있게 여기지 않는 경우가 있으므로 피하는 것이 좋습니다.

❸ 동그라미 대화의 진행자는 교사가 될 수도 있고 학생이 될 수도 있습니다. 점차적으로 학생에게 진행을 이양하고 교사도 한 명의 구성원으로 참여하는 방법을 추천합니다.

[경청 아이디어 4]
생각-짝-공유 : 학급 전체와 공유하다

생각-짝-공유

생각-짝-공유는 아마 전국의 모든 선생님들께서 활용하고 있는 방법일 것입니다. 짝과 토의하고 그 내용을 모둠, 다른 모둠, 학급 전체와 공유하는 방법입니다(Fisher & Frey, 2007). 쉽고 간단하지만 효과적이기 때문에 많은 선생님들께서 사용하고 있다고 생각합니다. 내 생각을 기

이름 :

주제나 질문 : _____

내 생각은…	내 짝의 생각은…	우리의 생각은…

록하기 전에 생각할 여유 시간을 충분히 주는 것이 중요합니다. 선생님들은 보통 "적어보세요."라고 한 뒤에는 학생들이 바로 자기 생각을 적을 수 있을 것이라고 기대합니다. 하지만 생각을 정리할 시간이 필요하므로 기록에 앞서 몰입해서 사고할 수 있는 시간을 마련해주세요.

학생은 교사의 질문에 대한 답을 스스로 생각하고 기록하는 시간을 가진 뒤, 짝과 토의하여 짝의 생각도 기록합니다. 자기 생각과 짝과 토의한 내용을 바탕으로 4명, 8명, 학급 전체로 확대하여 공유합니다.

□ 활용 방법

❶ 교사는 토의의 주제나 질문을 제시합니다.

❷ 생각 – 자신이 생각하는 질문에 대한 답을 기록합니다. (개인별로 생각할 수 있는 시간을 충분히 주는 것이 중요합니다.)

❸ 짝 – 자신이 기록한 답을 짝과 이야기합니다. 그 뒤, 짝의 생각을 기록합니다.

❹ 공유 – 생각 교류의 범위를 넓혀 자신이 속한 모둠이나 다른 모둠, 학급 전체와 함께 질문에 대한 답을 공유하고 '우리의 생각'을 기록합니다.

□ 달리쌤이 전하는 팁

❶ 배움의 공동체 철학에서는 수업은 다음의 과정을 거쳐야 한다고 이야기합니다.

> **대상과의 만남 – 타인과의 만남 – 자기와의 만남**

생각—짝—공유는 대상, 타인과 만나는 손쉬운 방법입니다. 물론, 배움의 공동체뿐만 아니라 구성주의 철학에 바탕을 둔 철학들은 비슷한 과정을 이야기합니다. 모든 교과, 전 학년에서 빈번히 사용하고 있는 방법입니다.

❷ 짝과 이야기를 나눈 뒤, 자신의 모둠을 벗어나 교실 중앙에서 다른 쌍과 아이디어를 나누는 방법으로 변형하여 적용할 수 있습니다. (4명씩 그룹화)

❸ 이런 수업에서 효과적입니다.

  – 단원 시작 전 학생들의 배경지식 확인이 필요할 때

  – 찬반 토론 수업에서 생각의 차이를 알아볼 때

  – 주제에 대한 아이디어를 모을 때

❹ 학급 전체와 공유하는 경우에는 소리 규칙을 지키도록 안내합니다.

2
3년 동안 발표한 적이 없다? vs 오늘 발표 몇 번 했어?

3년 동안 한 번도 발표한 적이 없다고?

요즘은 학생들이 수업의 중심이 되는 학생 참여 수업으로 많이 변하긴 했지만 학교 현장에서는 여전히 강의식 수업이 주를 이루고 있습니다. 수업이 이루어지는 교실 분위기는 보통 이렇습니다. 먼저 학습 목표와 관련된 내용을 교사가 쭉 설명합니다. 학생들은 이 내용을 받아 적습니다. 배워야 할 내용을 잘 이해했는지 확인하기 위해 교사는 학생들에게 질문을 던집니다. "선거의 4대 원칙에 대해 이야기해볼 학생 있나요?"

교사의 질문이 끝나면 상위권 학생들 중 몇몇이 손을 듭니다. 손을 드는 학생의 수는 초등학교 6학년의 경우 보통 다섯 명을 넘지 않습니다. 이렇게 손을 드는 것을 '거수'라고 합니다. 교사는 다섯 명의 학생 중 한 명을 지목합니다. 바로 '지명'이죠. 선택된 학생은 자리에서 일어나서 이렇게 '발표'합니다. "선거의 4대 원칙은 보통, 평등, 직접, 비밀의 원칙입니다."

'거수 - 지명 - 발표'의 사이클은 전통적인 발표 단계입니다. 일종의 시스템이라고 할 수 있습니다. 성인들이 참여하는 강연장도 마찬가지죠. 연사의 강연이 끝나면 질문을 받습니다. 손을 든 청중 중에서 한 명을 지명하고, 선택된 사람이 발표를 하죠. 이 방법은 효과적이지만 단점도 있습니다. 손을 든 사람에게만 말할 기회를 주기 때문에 발표하는 소수를 제외한 나머지는 수동적인 입장이 된다는 것입니다. 다시 말해 발표를 하고 싶지 않으면 손을 책상 아래로 숨겨놓고 있으면 됩니다. 발표에 두려움이 있는 학생들에게는 아주 편한 방법입니다.

초등학교 4학년 담임을 할 때 만났던 은정이라는 학생이 기억나네요. 학기가 시작하는 3월에는 학생들의 발표능력을 측정해보기 위해 일부러 어렵지 않은 질문을 던집니다. "주말에 무얼 했는지 말해볼 친구 있나요?"나 "올해 같은 반이 되고 싶었지만 다른 반으로 가게 된 친구가 있나요?"와 같은 쉬운 질문을 주로 합니다. 이런 질문에도 은정이는 한 번도 손을 들지 않았습니다. 매우 소극적이었죠. 처음에는 아직 친구들과 서먹서먹해서 그러는 것이라고 생각했습니다. 그런데 그게 아니었습니다. 쉬는 시간이 되면 은정이의 태도가 180도 달라졌습니다. 남학생, 여학생 가리지 않고 친구들과 활발하게 이야기를 나눴죠. 그러다 수업 시간이 되면 다시 입을 닫았습니다. 발표하려고 손을 드는 일은 없었고, 억지로 발표를 시키면 울어버렸습니다.

어느 날 은정이가 제게 찾아와서 이렇게 말했습니다. "저는 3학년 때까지 한 번도 발표한 적이 없어요."

이런 일이 어떻게 있을 수 있을까요? 그래서 제가 다시 물어봤습니다. "어떻게 하면 3년 동안 발표를 한 번도 안 할 수 있어?" 은정이는 이렇게 대답했습니다. "손을 안 들면 되죠. 손 든 사람만 발표하잖아요." 은정이는 거수 – 지명 – 발표의 맹점을 알고 있었던 것입니다.

학부모들의 관심사, 오늘 발표 몇 번 했어?

사정이 이렇다 보니 학부모님들은 학생들이 발표하는 것에 관심이 많습니다. 초등학교 1학년 자녀를 둔 학부모 중에는 관심을 넘어 '발표 집착'에 가까운 경우도 있습니다. 그런 분들은 자녀가 집에 오면 이렇게 묻습니다. "사랑하는 우리 아들(딸) 학교 잘 다녀왔어? 오늘 발표 몇 번 했어?" "세 번? 아이고! 잘했네." 다음 날에도 또 묻습니다. "우리 ○○, 오늘은 발표 몇 번 했어?" "한 번? 내일은 두 번 더 해볼까?" 아마 다음 날에도 다시 확인하시겠죠?

학부모님들의 '발표 집착'이 직접적인 원인이라고 단정할 수는 없지만 초등학교 1학년 교실에서는 이런 상황이 자주 발생합니다.

교사 "주말 동안 있었던 일 이야기해볼 친구 있나요?"

동현 "저요, 저, 제가 말하고 싶어요."

교사 "그래. 동현이가 이야기해볼래?"

동현 "……."

교사 "동현아, 발표하고 싶다며?"

동현 "……까먹었어요."

머릿속에서 '발표해야지.', '발표해야지.'만 생각하다가 정작 자리
에서 일어서면 머릿속이 하얗게 변해버리는 것입니다. 그나마 저학년
학생들은 다행입니다. 발표를 하려고 손을 드는 적극성이라도 보이니
까요. 그래서 저학년 담임 선생님들은 누구를 시켜야 하는지가 고민입
니다. 그런데 고학년은 사정이 다릅니다. 서로 안 하려고 합니다. 질문
을 하면 아래를 봅니다. 의견을 물으면 "예? 저요?"라고 반문하는 경우
도 태반입니다. 저학년과 다른 의미에서 누구를 시켜야 하는지 고민입
니다. 초등학교 6학년 교실에서는 이런 상황이 자주 발생합니다.

교사 "자, 동현이가 쓴 글을 친구들에게 한번 읽어줄래?"

동현 (주변을 두리번거리다 자리에서 일어선다.)

교사 "틀려도 괜찮아. 그냥 자신 있게 큰 소리로 말하면 돼."

동현 "제 주장은……."

교사 "동현아, 목소리를 조금만 더 크게 하면 친구들에게 잘 들릴 것 같
      은데?"

동현 "……."

교사 "자, 다시 해보자! 자신감을 가지고!"

동현 "다른 친구가 이야기하면 안 될까요?"

말 잘하는 사람이 성공하는 시대

미국의 저널리스트이자 앵커였던 에드워드 R. 머로우(Edward R. Murrow)는 1964년 '인간가족상'을 수상하며 이렇게 말했습니다. "최신식 컴퓨터는 단지 인간관계 속의 가장 오래된 문제점들을 빠르게 조합해 줄 뿐이다. 최종적으로 자기 의사를 전달하고자 하는 사람은 '무엇을 어떻게 말할 것인가'라는 가장 오래된 문제와 맞닥뜨리게 될 것이다."

아날로그 시대에는 말 잘하는 사람이 성공했습니다. 조선시대 초기의 『세종실록』에는 "황희 말대로 하라!"라는 문장이 자주 반복되었다고 합니다.

세종의 총애를 받으며 명재상으로 불린 황희는 탁월한 달변가였습니다. 설득의 달인이었다고 할 수 있죠. 예나 지금이나 자신이 가지고 있는 능력을 보여줄 수 있는 확실한 수단은 말입니다. 만약 잘 알고 있다고 하더라도 이것을 말로 풀어내지 못하면 상대방은 그 가치를 알기 어렵습니다.

이제는 아날로그 시대에서 디지털 시대로 세상이 변했습니다. 인공지능(AI), 사물인터넷(IoT), 빅 데이터가 우리의 의견을 전해줄 수 있다고 해서 말의 중요성이 줄어들었을까요? 아닙니다. 4차 산업혁명으로 대변되는 이 시대에도 여전히 말 잘하는 사람이 인정받고 성공합니다. 빅데이터를 이용해 분석한 내용을 전달할 때, 인공지능을 활용한 웨어러블 디바이스를 소개할 때에도 '말'이라는 수단을 이용해야 합니다.

자유 톡톡(Talk Talk) : 자유롭게 말하다

자유 톡톡

자유 톡톡은 원하는 친구들과 생각을 공유할 수 없던 짝·모둠 토의 위주의 교실 문화를 바꿔보기 위해 생각해낸 방법입니다. 교실의 중앙에 자유롭게 이야기를 나눌 수 있는 공간을 만들기만 하면 끝입니다. 짝 토의나 모둠 토의가 식상해질 때, 자유 톡톡을 이용해서 원하는 친구들에게 자신의 생각을 표현하고 공유하게 해보세요.

□ 활용 방법

❶ 자유롭게 대화할 수 있는 공간이 필요합니다. (교실 책상 배치를 'ㄷ'자, 'ㅐ'자로 할 경우 별다른 이동 없이 바로 적용할 수 있습니다.)

❷ 교과나 주제를 막론하고 여러 사람들과 함께 생각을 교환하고 싶을 때 사용할 수 있습니다.

❸ 최대 3인까지 그룹을 만들 수 있으며, 생각을 나눌 인원이 정해지면 자리에 앉아서 대화를 하거나 서로 궁금한 점에 대해 묻고 답합니다.

❹ 대화가 끝나면 일어서서 다른 학생을 만나러 갑니다.

❺ 교사는 활동의 시작과 끝을 안내합니다.

□ 달리쌤이 전하는 팁

❶ '앉아서' 대화해야 한다는 규칙을 학생들과 함께 약속해야 합니다. 그래야만 대화 중인 학생과 아직 대화 상대를 찾지 못한 학생을 구별할 수 있습니다.

❷ 대화 참여는 최대 3인까지만 가능합니다. (참여 인원을 자율로 열어줄 경우, 너무 많은 수가 그룹을 이루게 되고, 그렇게 되면 자연스럽게 집중도가 떨어지기 때문입니다.)

❸ 자유 톡톡을 통해 이야기를 나눈 뒤, 이런 활동으로 보상을 줄 수 있습니다.

　　– 사인 해주기

　　– 스티커 붙여주기

　　– 도장 찍어주기

❹ 동시다발적으로 대화가 이루어지므로 소리 규칙을 잘 지켜 활동해야 합니다.

❺ 교사도 함께 앉아 학생들의 대화를 관찰하는 것이 좋습니다. 이때 중요한 것은 끼어들지 않는 것입니다.

클락 버디 : 시계판 친구를 만나다

클락 버디

"선생님! 맨날 짝하고만 이야기해요?"

"다른 친구들이랑 같이 하면 안 되나요?"

"자리 언제 바꿔요? 유진이랑 같이 이야기하고 싶은데."

"모둠 친구들하고만 이야기해야 돼요?"

클락 버디(Clock Buddies)란 수업 시간에 같은 친구를 반복해서 만나는 것을 피하기 위해 시간대마다 만나는 친구를 정해놓는 방법입니다 (Jones, 2012). 각 시간대별로 함께 만나는 친구를 정해 한번 시계판을 만들어두면, 짧은 시간에 다양한 짝을 만나며 활동에 참여할 수 있습니다. 형식이 아니라 내용에 집중할 수 있게 만들기 위한 짜임인 셈입니다.

16명인 학급, 25명인 학급처럼 학생 수가 다르기 때문에 매번 다른 짝을 만나지 못할 수도 있습니다. 그럴 경우, '내 마음대로'라는 시간을 설정해서 그때는 만나고 싶은 친구를 만나게 해주세요. 좋아하는 친구와 이야기할 수 있다는 것만으로도 클락 버디와 수업 시간을 기다리게 됩니다. 구글 검색을 이용한다면 다양한 형태의 클락 버디 양식을 참고할 수 있습니다.

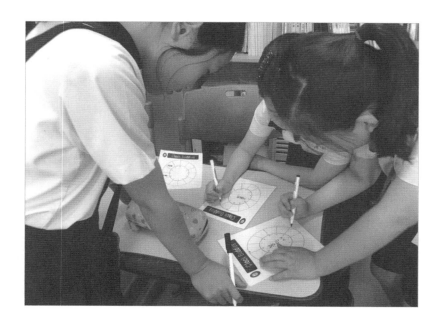

□ 활용 방법

❶ 교사는 클락 버디 활동판을 학생들에게 배부합니다.

❷ 학생들은 친구들과 합의해서 시간대별로 만날 친구들의 이름을 적습니다. (상
대방과 구두로만 약속하는 것이 아니라 함께 서로의 클락 버디 활동판에 기록한 뒤, 다른 친
구들을 만나 다음 약속을 잡습니다.)

❸ 최대 12명의 이름을 클락 버디 활동판에 적게 되면 자신의 자리로 돌아옵니다.

❹ 수업 시간에는 이렇게 활용합니다. "2시 친구와 만나세요.", "이번에는 9시
친구와 질문을 주고받으세요." 학생들은 교사의 안내에 따라 클락 버디를 만
나 이야기를 나눕니다.

□ 달리쌤이 전하는 팁

❶ 처음으로 클락 버디를 구성하는 일은 쉽지 않습니다. 한 번에 학생들의 짝이 모두 맞을 거라고 생각하면 실패하게 됩니다. 딱 맞아떨어질 것이라는 생각을 버리고 여러 번 기회를 주는 것이 좋습니다. 대신 짝을 정하기 전에 다음 두 가지 주의사항을 반드시 안내해야 합니다. 첫째, 상대방과 약속한 뒤 함께 기록하는 것을 서로 '눈으로' 확인하고 헤어집니다. (알아서 잘 기록하겠지, 하고 생각하면 오류가 생깁니다.) 둘째, 위의 양식을 사용할 경우 몇 시인지 정확히 구분하지 못할 수도 있습니다. 12시와 1시 사이는 12시를 의미한다는 것을 미리 안내해야 합니다.

❷ 항상 2인 1조로 대화해야 하는 것은 아닙니다. 모둠 활동에 활력을 불어넣기 위해 "2시, 3시 친구와 함께 만나 이야기를 나눠볼까요?" 등으로 다양하게 변형하여 클락 버디를 활용할 수 있습니다.

❸ 학급의 상황이 다양하기 때문에 매번 다른 짝을 만나지 못할 수도 있습니다. 그럴 때는 '내 마음대로'라는 항목을 설정해서 그 시간에는 만나고 싶은 친구를 만나게 해준다면 좀 더 흥미와 긴장감을 가지고 활동에 참여할 수 있습니다.

엘리베이터 피치 : 생각을 요약하다

엘리베이터 피치

엘리베이터 피치(Elevator Pitch)는 어떤 상품, 서비스 혹은 기업과 그 가치에 대해 빠르고 간단하게 요약하여 설명하는 방법입니다. 엘리베이터 피치라는 이름은 엘리베이터를 타고 내릴 때까지 약 60초 이내의 짧은 시간 안에 자신의 생각을 요약하여 전달할 수 있어야 한다는 의미입니다.

이 방법을 수업 활동에 맞게 적용해보면 이렇게 바꿀 수 있습니다. '10초 이내로 발표하시오.' '30초 이내로 세 가지 자료를 활용하여 발표하시오.'

이처럼 발표에 시간 제한을 두는 것입니다. 아주 간단한 원리를 반영했지만 학생들은 시간에 맞추기 위해 몰입해서 참여할 뿐만 아니라, 중요한 단어를 정선해가며 자신의 말하기를 점검해볼 수 있습니다.

처음에는 무조건 빨리 말하려고 합니다. 하지만 엘리베이터 피치에서 중요한 것은 '매력적으로 핵심을 전달하는 것'이라는 사실을 꼭 안내해주세요.

□ 활용 방법

❶ 학생들에게 엘리베이터 피치를 준비할 시간을 줍니다.

❷ 이때 엘리베이터 피치에 중요한 두 가지 요소를 안내합니다. 바로 관심 끌기 (hook)와 간결성(simplicity)입니다. 짧은 시간 안에 원하는 메시지를 전달하기 위한 방법을 고민할 수 있는 기회를 제공합니다.

❸ 엘리베이터 피치로 발표합니다.

❹ 교사는 학생들의 발표 내용에 대한 피드백을 제공합니다.

□ 달리쌤이 전하는 팁

❶ 학생들이 흥미로워하지 않는 주제일 경우에는 30초를 채워 말하는 것조차 힘든 일입니다. 하지만 자신이 관심 있는 주제이거나 의미있는 일이라고 생각하면 60초를 가뿐히 넘기기도 합니다. 엘리베이터 피치를 사용하고 안 하고의 문제에 앞서 어떤 내용을 담기 위해 이 방법을 사용하는지에 대한 고민이 우선되어야 합니다.

❷ 학기 초에 자기소개 방법으로도 응용하여 사용할 수 있습니다. 예를 들어 '나라는 사람에 대해서 20초 동안 설명하기' 등입니다. 이렇게 적용한다고 가정해보면 20초도 발표하기 어려워하는 학생들이 먼저 떠오릅니다. 이런 학생들을 위해서는 '20초에 맞춰서 나를 소개하기'와 같은 형식으로 약간만 변형해서 적용한다면 효과를 볼 수 있습니다.

❸ 눈으로 보이는 스톱 워치 프로그램을 사용할 경우, 더욱 흥미롭습니다. 유튜브에서 '20, 30 second stopwatch' 영상을 검색해보세요.

패스 더 볼 : 질문을 던져라

패스 더 볼

'패스 더 볼'은 공을 이용해 질문을 주고받는 방법입니다(Greenstein, 2010). 공을 가지고 있는 학생이 질문을 한 뒤, 대답할 친구에게 공을 던집니다. 공이라는 매개체를 이용해 자연스럽게 질문을 주고받을 수 있습니다.

보통 첫 번째 질문은 교사가 던집니다. 그리고 그 질문에 첫 번째로 답한 학생이 공을 받습니다. 그 학생이 다시 질문을 한 뒤, 공을 던져서 받은 학생이 답변하는 방식으로 진행합니다. 중요한 것은 공을 주고받는 과정을 잘 관찰한 뒤 학생들의 응답에서 학습 내용과 관련된 학생들의 이해도를 파악하는 것입니다. 학생들끼리 질문을 주고받다 보면 목표와 상관없는 질문이 나오기도 합니다. 조금 아쉬운 질문이라도 너그럽게 받아들여주세요.

공을 던지지 않고 차례로 돌리는 방식도 좋습니다. (던지는 것보다는 훨씬 안정적입니다.) 이때는 음악이 필요합니다. 음악이 멈추는 순간에 공을 들고 있는 학생이 대답합니다. 학생들에게 골고루 기회를 줄 수 있도록 의도적으로 음악을 멈춰주는 '센스'도 필요합니다.

□ 활용 방법

❶ 교사는 수업 주제와 관련된 질문을 던집니다.

❷ 가장 먼저 질문에 대답한 학생이 공을 받습니다.

❸ 공을 가지고 있는 학생은 질문을 던진 뒤, 다른 학생에게 공을 줍니다.

❹ 공을 받았지만 대답할 수 없다면, 다른 친구에게 공을 넘길 수 있습니다.

❺ 이때 교사는 학생들의 질의응답에서 핵심내용을 파악하여 칠판에 판서합니다.

❻ 위의 과정을 반복합니다.

□ **달리쌤이 전하는 팁**

❶ 수업 중 이 방법을 사용할 때는 반드시 주의 깊게 살펴봐야 하는 부분이 있습니다. 바로 대답을 하지 못하는 학생입니다. 단순히 놀이로 생각할 수도 있지만 이 활동은 자연스럽게 학습에 대한 이해도를 점검할 수 있는 효과적인 방법입니다. '패스 더 볼'을 통해 개인별 이해도를 점검한 뒤, 개인별 피드백을 실시해야 합니다.

❷ 다양한 방법으로 변형하여 사용할 수 있습니다.

  − 교사가 질문을 던진 뒤, 음악에 맞춰 공을 주고받다가 음악이 멈추는 순간 공을 가지고 있는 학생이 대답하는 방식으로 수업 분위기를 즐겁게 만들어갈 수 있습니다.

❸ 이런 수업에서 효과적입니다.

  − 배움 주제와 관련된 단어들을 브레인스토밍 할 때

  − 지난 시간에 배웠던 개념들을 떠올려볼 때

  − 뒷이야기를 상상하여 말하는 수업을 할 때

[말하기 수업 아이디어 5]
별명 막대 : 복불복!

별명 막대

별명 막대는 아이스크림 막대를 이용하여 무작위로 학생들을 선택하는 방법입니다. 간단하게 말하자면 막대가 학생들의 '분신'이 되는 것입니다. 학생들은 막대에 이름뿐만 아니라 자신을 나타내는 별명이나 자신의 장점, 자신이 듣고 싶은 말 등을 기록합니다.

사실 이 방법은 어느 프랜차이즈 커피숍에서 고객의 이름이 아니라 닉네임을 불러주는 것에서 아이디어를 가져왔습니다. 자신이 듣고 싶은 말과 함께 호명되기 때문에 학생들이 굉장히 좋아합니다. "코리안 메시 현수", "1000억을 번 유승이", "잘생긴 뽀로로 재원이"와 같이 재미있는 별명과 함께 질문을 던지기 때문에 유쾌한 수업 분위기를 만들 수 있습니다. 또한 수업 중 학생들의 이해도를 확인하는 형성평가의 도구로 활용하기도 합니다.

□ 활용 방법

❶ 듣고 싶은 메시지, 별명, 이름을 별명 막대에 적습니다.

❷ 학급 구성원의 별명 막대를 모두 컵에 모읍니다.

❸ 수업 내용에 대한 질문을 던집니다.

❹ 별명 막대를 모아둔 컵에서 막대를 뽑아 지명합니다.

❺ 지명받은 학생이 질문에 대한 답을 한 뒤 별명 막대를 이용하여 또 다른 학생을 지명합니다.

❻ 위의 과정을 반복합니다.

□ 달리쌤이 전하는 팁

❶ 추천하는 막대의 크기는 세로 15cm, 너비 1.8cm짜리입니다.

❷ 수업뿐만 아니라 여러 가지 학급 경영 활동에서도 간단하게 사용할 수 있습니다.

　　– 모둠 내 역할을 나눌 때

－ 특권을 받아야 할 학생을 결정할 때

－ 학급에서 자리를 배치할 때

❸ 미술 수업 시간을 활용하여 별명 막대를 디자인할 수도 있습니다.

❹ 별명 막대와 비슷한 역할을 하는 컴퓨터 프로그램이나 어플리케이션도 많이 나와 있습니다. 하지만 별명 막대가 가장 쉽고 간편합니다.

❺ 발표하는 것에 소극적인 학생들도 수업에 적극적으로 참여할 수 있도록 하는 방법입니다. 그리고 이 방법을 사용하면 누구라도 지명될 확률이 있기 때문에 긴장하며 수업에 참여하게 됩니다.

3

글쓰기, 어떻게 쓸까? 어떻게 기록할까?

초등학교 수업은 대체로 이렇게 마무리됩니다.

"자, 오늘 수업에서 알게 된 점이나 느낀 점을 말해볼까요?"

서너 명의 학생이 손을 듭니다. "오늘은 ~을 배워서 재미있었습니다.", "오늘 배운 ~을 집에 가서 동생과 해보고 싶습니다."와 같이 말하며 수업을 정리하게 되는 것이죠. 하지만 손을 들어 발표하는 소수의 학생들에게게만 해당되는 이야기입니다. 서너 명을 제외한 나머지 학생들은 굳이 애써서 생각하지 않아도 됩니다. 몇 명만 잘 발표해준다면 나는 자연스럽게 넘어갈 수 있습니다. 굳이 발표를 할 필요가 없는 셈이죠.

그래서 글쓰기가 필요합니다. 각자 나름대로 생각을 정리하는 기회를 가져야 하기 때문입니다. 모두가 생각할 기회를 가지는 것, 한 명도 배움에서 소외되지 않게 도와주는 것. 40분의 한정된 시간 속에서 생각을 정리하는 글쓰기가 필요한 이유입니다.

써봐야 안다

학생들과 수업을 하는 도중 가끔 이런 생각을 합니다. "내가 지금 이야기하고 있는 내용을 아이들이 얼마나 이해하고 있을까?"

그래서 가끔 돌발 미션을 던집니다. "지금까지 선생님이 이야기했던 내용과 교과서에서 중요하다고 생각했던 내용을 글로 적어볼까?"

말이 끝나기 무섭게 교실이 웅성거립니다. 한쪽에서는 "어떡해? 나 하나도 모르는데?"라는 소리가 들립니다. 다른 한쪽에서는 "휴~" 하고 한숨 소리가 납니다. 갑자기 교과서를 넘겨가며 중얼중얼 외우는 학생들이 생겨납니다. 그러다가 가까스로 무언가를 적어 냅니다. 학생들이 노트에 적어 낸 글을 읽다 보면 그제야 상황을 파악하게 됩니다. '내 설명이 이 정도밖에 안 됐나?' 하는 자기반성의 시간이 오는 거지요. 전국의 선생님들, 모두 공감하시죠?

어쩌면 당연합니다. 들었다고 해서 아는 것이 아닙니다. 듣고 본 내용을 머릿속에서 곱씹어 다시 밖으로 꺼낼 수 있어야만 진정으로 내 것이 되는 것입니다. 여기에 특화된 방법이 글쓰기입니다. 생각을 정리해 주는 가장 확실한 방법이지요.

써봐야 압니다. 내가 제대로 아는지 모르는지가 궁금하다면 써보세요. 써보면 바로 답이 나옵니다.

다산 정약용 선생님도 글을 써가며 공부했다

다산 정약용 선생님께서는 저술하신 책만 500권이 넘습니다. 이 시대의 지성인이라면 한 번씩 읽어봤다는 『목민심서』, 『경세유표』, 『여유당전서』를 아시죠? 지독하게 공부하고 치열하게 사색한 결과물이죠.

"책을 읽을 때는 눈으로 읽지만 말고 손으로 읽어라. 부지런히 기록해야 생각이 튼실해지고 주견이 확립된다.", "기억을 믿지 말고 손을 믿어라.", "늘 고민하고 곁에 필기도구를 놔둔 채 깨달음이 있으면 반드시 기록하라."와 같은 잠언 속에 그의 생각이 잘 담겨 있습니다.

정약용 선생님께서 강조했던 특별한 공부법이 있습니다. 독서법이라고 말하는 것이 더 맞겠네요. 그의 비법은 '정독', '질서', '초서'입니다.

정독 - 책의 뜻을 새겨가며 정성들여 자세히 읽는 것
질서 - 책을 읽는 중 생각이 떠오를 때마다 메모하는 것
초서 - 책을 읽다가 중요한 구절이나 표현을 그대로 옮겨 적는 것, 발췌

– 남정욱, 《차라리 죽지 그래》, 인벤션, 2014, p.203

정약용 선생님의 생각을 우리가 매일 하는 수업에 적용해보겠습니다.

하나, 수업 속에 담긴 뜻을 새겨가며 정성들여 듣고 읽는 것

둘, 수업 중 생각이 떠오를 때마다 메모하는 것

셋, 수업을 듣다가 중요한 구절이나 핵심을 그대로 옮겨 적는 것

어떤가요? 이것들만 지킨다면 40분의 수업 시간을 정말 알차게 보낼 수 있겠지요? 선생님의 교실에는 이 세 가지를 실천하고 있는 학생들이 몇 명 정도 되나요? 저희 반은 노코멘트로 하겠습니다. 정약용 선생님의 조언대로 실천하면 좋으련만 그렇게 하지 못했던 이유가 있습니다. 교사는 교사대로의 이유, 학생들은 학생 나름의 이유가 있지요.

핑계 '있는' 무덤, 글쓰기

수업에서 글쓰기나 노트 정리를 하지 않았던 세 가지 이유

현직에 계신 많은 선생님들이 글쓰기가 중요하다고 생각합니다. 수업을 듣는 학생들의 두뇌를 효율적으로 사용하는 방법이기 때문이지요. 그런데도 수업 내용에 대한 글을 쓰거나 노트 정리를 실천하고 있는 학급은 얼마 되지 않습니다. 왜일까요?

우선 주어진 40분의 시간 속에서 해야 할 것들이 너무 많습니다. 초등학생들은 보통 몸을 움직이는 활동을 좋아합니다. 한 가지 활동만 해도 20분은 금세 흘러가지요. 활동을 하지 않더라도 익혀야 할 기본적인 학습 기술들이 많습니다. 선생님의 이야기를 경청해서 들어야 합니다. 자신의 생각을 조리 있고 자신감 있게 말할 수 있어야 합니다. 글씨도 줄에 맞춰서 또박또박 쓸 수 있어야 합니다. 대화를 통해 친구들과 상호

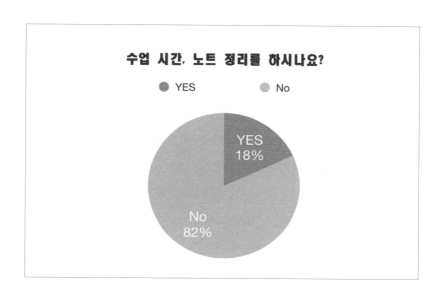

수업 시간, 노트 정리를 하시나요?

● YES   ● No

YES
18%

No
82%

작용도 해야 합니다. 그래서 생각을 정리하는 글쓰기를 할 시간을 확보하기 어렵습니다. 40분의 수업시간은 언제나 부족합니다.

둘째, 학생들이 글쓰기를 좋아하지 않습니다. 독서보다 더 싫어하는 것이 글쓰기입니다. "글쓰기 하자!"라고 말하면 엄살을 부리며 우는 소리를 합니다. 글쓰기는 정신적인 에너지 소모가 굉장히 큰 활동입니다. 머리를 쥐어짜내는 고통을 자진해서 희망하는 학생은 그리 많지 않습니다. 자신의 생각을 정리하는 것뿐만 아니라 적힌 그대로를 받아 적는 것도 좋아하지 않죠. 그러나 안심하셔도 됩니다. 선생님 반만 그랬던 게 아니니까요. 인간의 본성입니다.

셋째, 학생들이 적은 글이나 노트를 모두 점검해줄 시간이 부족합니다. 40분의 시간을 효율적으로 사용해서 학생들이 글쓰기를 잘 마쳤다고 가정해봅시다. 그러면 확인하고 피드백을 해줘야 합니다. "잘 적었나요? 그럼 가방 속에 잘 넣으세요."로 끝나버리면 안되겠죠. 마음이 따뜻한 우리 선생님들은 쉬는 시간이나 방과 후 시간을 이용해서 학생들의 글을 하나하나 읽어봅니다. 하지만 그것도 학기 초에나 가능한 일입니다. 학생들이 하교한 뒤에 참석해야 하는 회의가 얼마나 많습니까. 아이들이 떠나고 난 뒤 본격적으로 시작하는 것이 업무 아니었나요? 선생님도 똑같은 사람입니다. 쉬는 시간을 아이들의 노트를 읽는 데 사용해버리면 다음 시간 수업을 활기차게 시작할 수 없습니다. '꾸준히 하지 못할 것이라면 애초에 시작하지 않는 것이 낫다.'라는 인생의 진리 아시죠? 그래서 글쓰기나 노트 정리를 하지 않았습니다. 제가 그랬습니다.

그래도 할 수 있는 방법이 있지 않을까?

우리 모두 리얼리스트가 되자.

그러나 가슴속에는 불가능한 꿈을 키우자.

– 체 게바라(Che Guevara)

생각을 정리하는 글쓰기를 수업 속에서 실천하는 것은 쉬운 일이 아닙니다. 초등학생이 자신의 생각을 술술 글로 써내려간다는 것은 어쩌면 교사들만이 그리는 이상적인 모습일지도 모릅니다. 현실은 칠판 가득 적어준 노트필기를 괴발개발 그대로 옮겨 적기에 급급한 것이 사실입니다. 하지만 혁명가 체 게바라의 말처럼 가슴속에는 불가능한 꿈을 가져야 합니다. 가장 원대한 꿈을 꾸는 사람만이 가장 원대한 현실과 가까워지는 법이죠.

성인들에게도 정독, 질서, 초서는 어렵습니다. 하지만 어렸을 때부터 연습하지 않았기 때문이 아닐까요? 글쓰기나 노트 정리는 초등학교가 아니라 중학교에 가서 배워야 하는 학습 기본기일까요? 초등학교 6학년은 빠르고 중학교 1학년은 적당할까요? 글쓰기 근육이 길러지지 않은 상태에서 중학교 3학년이 된다고 술술 글을 써내려갈 수 있을까요? 완벽한 수준이 아니더라도 수업 시간을 이용하여 생각을 정리하는 글쓰기를 연마해볼 수는 없을까요? 학생들의 발달단계, 학습 수준, 흥미를 고려해보면 타협점을 찾을 수 있지 않을까요?

제가 모아본 글쓰기 수업 아이디어는 현재진행형입니다. 개선되고 발전해가고 있는 과정이지요. 바꿔 말하면 선생님들의 아이디어를 통해 다양하게 변주될 수 있다는 뜻이기도 합니다. 교실에서 쉽고 부담스럽지 않게 적용할 수 있는 방법들만을 모아봤습니다. 글쓰기는 생각을 정리해주기도 하지만 생각의 탄생과 연결되기도 합니다. 자, 이제 실천만 남았네요.

3-2-1 요약 : 셋에서 둘로, 둘에서 하나로

3-2-1 요약

3-2-1 요약은 수업에 대한 자신의 이해를 세 가지, 두 가지, 한 가지로 요약하는 방법입니다(Dodge, 2009: Greenstein, 2010). 이 방법을 통해 학생들이 흥미롭게 생각하는 것들이 무엇인지 알 수 있고, 다시 배워야 할 부분에 대한 정보도 얻을 수 있습니다. 보통은 수업에서 중요하게 생각하는 요소들로 다양하게 변형하여 사용할 수 있습니다. 예를 들면 세 가지 사실, 두 가지 개념 그리고 한 가지 질문(김진규, 2013)이나 세 가지 개념, 두 가지 원리, 한 가지 사례, 또는 세 가지 용어, 두 가지 질문, 한 가지 방법 등으로 변형할 수 있습니다.

이렇게 묻는 학생이 있을 수 있습니다. "선생님! 꼭 세 개 다 써야 되나요?"

물론입니다. 3-2-1 요약은 가짓수에 맞춰 생각해보는 과정을 통해 사고의 유창성을 길러주는 형성평가 방법이기 때문입니다.

이름 :

3 오늘 수업을 통해 알게 된 점

1. _____
2. _____
3. _____

2 오늘 수업에서 재미있었거나, 더 알고 싶은 점

1. _____
2. _____

1 오늘 수업에서 궁금한 점

1. _____

□ 활용 방법

❶ 교사는 수업 내용에 적합한 3-2-1의 내용을 결정합니다.

❷ 수업의 마무리 단계에서 3-2-1의 항목을 제시합니다.

❸ 학생들은 3-2-1 요약을 작성한 뒤 제출합니다.

❹ 교사는 학생들의 3-2-1 응답을 반드시 확인해야 합니다. 이 내용을 바탕으로 다음 수업을 계획하고, 재수업이 필요한지 결정합니다.

□ 달리쌤이 전하는 팁

- 다양한 버전으로 응용하여 사용할 수 있습니다.

Version 1 : 일반적인 수업에서

3 – 수업에서 알게 된 점을 세 가지 적습니다.

2 – 수업에서 재미있었거나, 더 알고 싶은 점을 두 가지 적습니다.

1 – 수업에서 궁금한 점을 한 가지 적습니다.

Version 2 : 용어가 중요한 수업에서

3 – 수업에서 가장 핵심이 되는 용어를 세 가지 적습니다.

2 – 수업에서 궁금한 점을 두 가지 적습니다.

1 – 오늘 수업을 실생활에 적용할 수 있는 방법을 한 가지 적습니다.

Version 3 : 물건이나 개념에 대해 비교와 대조를 하는 수업에서

3 – 공통점을 세 가지 적습니다.

2 – 차이점을 두 가지 적습니다.

1 – 궁금한 점을 한 가지 적습니다.

Version 4 : 읽기 수업에서

3 – 글을 읽은 뒤, 가장 중요한 생각을 세 가지 적습니다.

2 – 위에서 적은 세 가지 생각에 대해 그렇게 생각하는 이유를 두 가지씩 적습니다.

1 – 세 가지 중요한 생각에 대해 궁금한 점을 한 가지씩 적습니다.

[글쓰기 수업 아이디어 2]
미니 보드 : 생각을 붙이다

미니 보드

미니 보드는 개별 학생들이 학습과정에 모두 적극적으로 참여하게 하는 글쓰기 학습도구이자 평가도구입니다(김진규, 2013). 잘 알려진 골든 벨 활동에 사용하는 화이트보드보다 크기가 작고 칠판에 부착할 수 있는 것들을 통칭해서 '미니 보드'라고 이름 지어보았습니다.

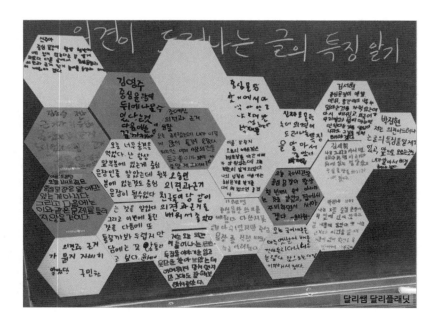

학습에 대한 이해도를 교사와 친구들에게 시각적으로 곧바로 보여줄 수 있다는 점에서 형성평가 도구로서 유용합니다. 수집한 학생들의 이해도를 바탕으로 즉각적인 피드백을 줄 수 있고 수업의 호흡을 조절해갈 수 있습니다. 사진에 있는 미니 보드는 '한국협동학습연구회'에서 제작한 '허니컴 보드'라는 교구입니다.

□ 활용 방법

❶ 교사는 수업 내용과 관련된 질문을 제시합니다.

❷ 학생은 각자의 미니 보드에 질문에 대한 답안(응답)을 작성합니다. 그 뒤, 칠판에 미니 보드를 부착합니다.

❸ 교사와 학생들은 칠판에 부착된 미니 보드의 답안(응답)들을 확인합니다.

❹ 필요에 따라 답안(응답)을 비슷한 것끼리 유목화합니다.

❺ 미니 보드를 활용하여 알게 된 학생들의 의견이나 이해도에 대한 피드백을 제공하고 수업에 반영합니다.

□ 달리쌤이 전하는 팁

❶ 미니 보드를 활용하여 씽킹맵을 구현할 수 있습니다.

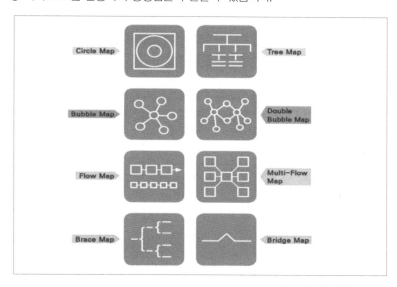

Circle Map

Tree Map

Bubble Map

Double Bubble Map

Flow Map

Multi-Flow Map

Brace Map

Bridge Map

출처 : 한국협동학습연구회

❷ 학기 초에 안내하여 개인별 보드 마카를 수시로 준비해두면 수업의 모든 과
정에서 활용할 수 있습니다.

❸ 미니 보드에 색깔이 있다면, 신호등 쪽지 형성평가 기법을 적용하여 사용할
수 있습니다. 학생 스스로 학습에 대한 자기평가를 한 뒤, 미니 보드의 색깔
을 선택(자신 있게 쓴 생각일 경우 녹색, 보통일 경우 노란색, 자신이 없을 경우 빨간색)하
여 학습 내용에 대한 답을 기록하는 방식으로 활용합니다.

세 줄 성찰 : 세 줄로 정리하다

세 줄 성찰

차시 단위의 수업을 마친 뒤 전통적으로 학생들에게 던지도록 배워 온 질문이 있습니다.

"오늘 수업을 통해 알게 된 점, 느낀 점을 이야기해볼까요?"

이 질문 뒤에는 학생들이 마치 약속이라도 한 것처럼 "~을 배워서 즐거웠습니다." "~해봐서 재미있었습니다."라는 대답을 합니다. 교생 실습 때부터 배워왔던 것이기에 현장에서 근무한 뒤로는 특별한 의심 없이 매 수업의 정리 부분에서 이 질문을 던졌습니다. 하지만 학생들의 저 대답이 어떤 의미가 있을까에 대해 고민하다가 이런 생각을 하게 되었습니다. '1학년 때부터 쭉 보고 경험해왔던 것이기 때문에 습관적으로 이야기하는 것은 아닐까?'

세 줄 성찰은 의미 있는 수업의 마무리를 위해 생각해봐야 할 세 가지 질문에 대한 답을 세 줄로 간단하게 기록하는 방법입니다.

학생들은 선생님들이 생각하는 것보다 훨씬 더 관심을 받고 싶어 합니다. 그러므로 세 줄 성찰에 대한 피드백을 해주는 것이 좋습니다. 잘 못 이해하고 있는 개념에 대한 설명이나 격려, 칭찬 등을 간단하게라도 작성해주세요. 노트라는 학용품이 의사소통의 장으로 바뀌게 됩니다.

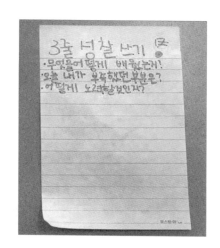

□ 활용 방법

❶ 수업 후 다음 세 가지 질문에 대하여 생각해본 뒤 세 줄 성찰을 작성합니다.

(1) 무엇을 어떻게 배웠나요? (수업의 내용/과정적인 측면)

(2) 오늘 내가 부족했던 것은 어떤 부분인가요? (메타인지, 반성적 사고)

(3) 이 부분을 어떻게 노력할 것인가요? (반성적 사고)

❷ 완성된 세 줄 성찰을 학급의 구성원들과 공유합니다.

□ 달리쌤이 전하는 팁

• 세 줄 성찰은 고바야시 히로유키의 『하루 세 줄, 마음정리법』에서 영감을 받아 떠올린 방법입니다. 수업을 마무리하는 과정에서 반드시 생각해볼 만한 것을 생각하되 부담스럽지 않은 '세 줄'이라는 단어가 학생들에게 친근하게 다가갈 수 있을 거라고 생각했기 때문입니다. (아마도 우리 반 학생은 세 줄도 부담스럽다고 생각할 것 같긴 하네요. 두 줄, 또는 한 줄 성찰로 변형해서 사용한다면 학생들의 인기가 선생님의 손 안에! ^-^)

질문 세 가지는 PBL(Problem Based Learning)의 '성찰 저널(Reflective Journal)'에서 사용하는 여러 가지 요소 중 핵심적이라고 생각하는 것을 가져왔습니다. 선생님들의 수업 철학에 맞춰 변형해서 사용할 수 있습니다. 다음은 성찰 저널에서 중요하게 생각하는 질문 목록입니다. 「PBL로 수업하기」(최정임, 장경원, 2015)의 내용을 참고했습니다.

- 오늘 수업을 통해 무엇을 느꼈나요?
- 오늘 수업에서 가장 어려웠던 점은 무엇인가요?
- 오늘 수업은 우리들의 실제 생활과 어떤 관계가 있나요?
- 오늘의 모둠 활동에서 나는 무엇을 했나요?
- 오늘의 모둠 활동에서 다른 친구들은 어떻게 참여했나요?
- 어떤 도움이 있다면 오늘 수업이 더 즐거워질 것 같나요?

[글쓰기 수업 아이디어 4]

보석맵 : 돌려가며 쓰다

보석맵[1]

보석맵은 정보나 생각을 시각화해주는 씽킹맵 중의 하나입니다. 네 명이 한 조가 되어 각자 주어진 공간에 기록을 하고, 90도씩 돌려가며

---

[1] 미래교실네트워크의 성혜영 선생님(부산 신정중)의 아이디어로 알려져 있습니다.

설명하고, 생각을 교류할 수 있습니다. 다른 모둠 구성원들의 답변에 자신의 답을 이어 적는 방식으로도 활용할 수 있습니다. 모두가 동시에 참여할 수 있다는 것이 큰 장점입니다. 비주얼씽킹과 결합하여 사용하는 것도 효과적입니다. 보석 모양이 나오도록 종이를 접을 수도 있고, 컴퓨터로 출력할 수도 있습니다.

□ 활용 방법

❶ 1번 칸에 단원명이나 주제를 기록합니다.

❷ 2번 칸에 1번 칸의 주제와 관련된 핵심내용을 기록합니다.

❸ 보석맵을 90도 돌립니다. (옆 학생이 적은 내용이 내 앞에 놓이게 됩니다.)

❹ 옆 학생이 적은 내용을 점검합니다.

❺ 올바른 내용이면 동그라미를 그려주고, 틀린 내용이 있을 경우에는 보완해서 기록하고 친구에게 설명해줍니다.

❻ 3번 칸에 1번 칸의 주제와 관련하여 궁금한 점을 기록합니다.

❼ 보석맵을 90도 돌립니다.

❽ 옆 학생이 적은 질문에 대한 자신의 생각을 이야기해봅니다.

▫ 달리쌤이 전하는 팁

❶ 지식을 활용하는 수업이나 단원 정리 활동에서 사용하는 것이 효과적입니다.

(보통 이 경우에는 디딤 영상을 통해 교과 지식을 학습하고 오게 됩니다.)

❷ 모둠 내 보석맵 활동으로 수업을 마치는 것이 아니라, 보석맵을 작성하고 그 내용을 학급의 학생들과 공유하는 기회를 갖는 것이 좋습니다.

❸ 종이의 크기, 칸의 개수, 돌리는 횟수 등 운영 방식을 자유롭게 변형할 수 있습니다.

❹ 공간이 부족할 경우 붙임 쪽지(포스트잇)를 활용하여 생각을 심화시킬 수 있습니다.

❺ 완성된 보석맵은 잘 보이는 곳에 게시해두면 좋습니다.

❻ 각자 다른 색의 펜을 사용한 경우, 색깔만으로도 누구의 의견인지 쉽게 알 수 있습니다.

[글쓰기 수업 아이디어 5]
헤드라인 뉴스 : 신문기사처럼!

헤드라인 뉴스 요약

헤드라인 뉴스 요약(Headline News Summary)은 수업에서 학습한 내용을 신문의 헤드라인처럼 압축, 요약하여 나타내는 방법입니다(Dodge, 2009). 학습 내용에 대한 정보를 몇 개의 단어로 요약하는 과정 속에서 정보를 복사하는 것이 아니라 중요도가 높은 내용이 무엇인지를 스스로 생각해보게 됩니다.

생각을 정리할 수 있는 요약 틀을 주는 것이 중요합니다. 저학년 학생들에게는 좀 더 구체적이고 자세한 양식을, 고학년 학생들에게는 창의성을 발휘할 수 있도록 열려 있는 양식을 안내해주세요!

□ 활용 방법

❶ 교사는 헤드라인 뉴스 요약 방법을 설명합니다.

❷ 학생들은 모둠, 짝과 함께 어떤 내용이 중심이 되는지를 토의하여 선정합니다.

❸ 학생들은 헤드라인 뉴스 요약 활동지를 작성합니다.

❹ 완성된 활동지를 학급에서 공유합니다.

❺ 교사는 헤드라인 뉴스 요약에 대한 피드백을 제공합니다.

❻ 홍보가 필요한 주제일 때는 학급을 넘어 교내에 헤드라인 뉴스를 게시합니다.

헤드라인 뉴스 요약

이름 _____

뉴스 주제
_____

헤드라인

◆ 주제가 무엇인가?　　　　　　◆ 이 사건에 들어있는 문제점이나 갈등은?
◆ 앞으로는 어떻게 될 것인가?　　◆ 누구에게 영향을 주는가?

요약

_____
_____
_____
_____
_____
_____
_____

팀원 이름

◆ _____　　◆ _____

◆ _____　　◆ _____

□ 달리쌤이 전하는 팁

❶ 학생들이 학습한 내용을 홍보하는 상황에서 유용하게 쓰입니다. 현실감이 있기 때문에 학생들이 흥미롭게 참여합니다. 프로젝트 학습의 결과 발표 시에 활용하는 것을 추천합니다.

❷ 물론 학교 실정에 따라 차이가 있을 수 있지만, 초등학교 4학년 이상의 수준

에서는 워드로 타이핑하여 제작하는 것이 가능합니다. 교사가 템플릿을 제작하여 제공하고 학생들이 직접 워드 작업을 통해 만들면 대량으로 인쇄할 수 있으므로 배포가 쉬워집니다.

❸ 처음에는 잘 쓰인 뉴스 기사를 모방하여 작성하도록 하는 것이 좋습니다. 처음부터 짜임새 있게 글을 쓴다는 것은 성인에게도 쉽지 않은 일입니다. 실제 기자들이 작성한 뉴스 기사가 좋은 본보기가 되어줄 것입니다.

[글쓰기 수업 아이디어 6]
칠판 나누기 : 동시다발적으로 쓰다

칠판 나누기

칠판 나누기란 칠판을 모둠 수만큼 구분한 뒤, 모둠별로 활동한 결과를 동시다발적으로 칠판에 기록하는 활동입니다. 학급 구성원 전원이 참여할 수 있다는 장점이 있으며, 참여뿐만 아니라 학급 구성원 모두의 생각을 알아볼 수 있는 효과적인 방법입니다. 칠판에 적힌 다른 모둠이나 친구들의 생각을 보면서 나와 비슷한 점, 다른 점 등을 자연스럽게 발견할 수 있습니다. 이 하나의 활동으로 수업 전체를 채울 수는 없지만, 디딤 영상 시청 후 기억에 남는 내용을 기록하거나, 짧은 시간 안에 다양한 생각을 생성해내야 하는 수업에서 효과적입니다(이상우, 2011).

□ 활용 방법

❶ 교사는 모둠 활동 과제를 제시합니다.

❷ 학생들은 모둠별로 과제를 해결합니다.

❸ 해결한 내용을 모둠끼리 다시 확인한 뒤, 모둠 내 번호에 맞춰 활동한 내용을 칠판에 동시에 기록합니다. (여섯 모둠일 경우, 여섯 명의 학생이 동시에 기록합니다. 1 모둠의 1번, 2모둠의 1번, 3모둠의 1번… 6모둠의 1번이 동시에 기록합니다.)

❹ 이때 나머지 학생들은 칠판에 적힌 내용들을 참고하며 다음에 기록할 내용을 생각합니다.

❺ 기록을 마친 학생들이 자리로 돌아오면 다음 학생이 칠판으로 나가 이전에 쓰인 내용들을 쭉 훑어본 뒤, 아직 판서되지 않은 내용을 기록합니다.

❻ 교사는 칠판을 나눠 학생들이 기록한 내용을 바탕으로 수업 내용을 설명합니다.

❶ 학생들이 직접 판서하는 활동 방법이기 때문에 알아보기 쉽게 기록하도록 사전에 안내해야 합니다. 여기에서 알아보기 쉽다는 것은 글자의 크기, 분필의 색깔, 줄을 맞춰 쓰는 것, 적당한 위치에 쓰는 것 등을 모두 포함합니다. 보통 칠판에 있는 사각형 격자보다 조금 더 크게 쓴다면 맨 뒤에 앉은 학생들도 읽을 수 있는 크기의 글이 됩니다.

❷ 여섯 명이 동시에 글을 쓰기 시작하기 때문에 처음에는 교실 분위기가 조금 어수선할 수 있습니다. 기본적인 수업 규칙이 잘 지켜진다는 전제로 역동적인 수업 활동이 자리 잡을 수 있습니다. (소리 규칙, 자신의 차례가 아닐 경우 이동하지 않기 등이 기본적으로 지켜져야 합니다.)

❸ 판서하지 않는 학생들은 칠판에 적힌 여러 내용 가운데 나와 비슷한 점, 다른 점이 무엇인지 생각하고 찾아봅니다.

[글쓰기 수업 아이디어 11]

교실 코너 : 교실을 나누다

교실 코너

교실 코너(four corners)는 교사가 제시한 질문에 대한 답변이나 의견을 교실의 네 코너(네 모서리)에 붙여놓은 뒤, 학생들이 각자 자신의 생각과 가장 일치하는 코너로 이동하여 활동하는 방법입니다(김진규, 2013). 이 방법을 활용하면 학생들의 이동을 통해 이해도나 흥미를 즉각적으로 파악할 수 있습니다. 보통 네 곳의 구석에는 성취 기준 달성에 필요한 핵심적인 질문과 답이 게시됩니다. 수업 내용에 따라 활용하는 코너의 수가 달라지기도 합니다.

▫ 활용 방법

❶ 교사는 각 코너에 제시할 질문이나 응답을 선정합니다. (예 – 매우 동의, 동의, 동의하지 않음, 전혀 동의하지 않음)

❷ 학생들은 교사의 질문을 잘 듣고 어떤 코너로 가야 하는지 생각합니다. (개인적으로 생각할 시간을 주는 것이 중요합니다.)

❸ 학생들은 교사의 신호와 함께 각자 선택한 코너로 이동합니다.

❹ 학생들은 각 코너에서 만난 같은 의견을 가진 친구들과 아이디어를 공유하거나 생각을 발전시킵니다.

❺ 학생들은 함께 논의한 내용을 기록합니다.

❻ 학생들은 한 코너에서 이야기가 마무리된 후에는 다른 코너로 이동합니다.

❼ 교사는 코너를 순회하며 학생들의 이해도와 토의 내용을 기록하여 수업에 반영합니다.

❽ 코너에서 나누었던 이야기들을 학급 전체와 공유합니다.

□ 달리쌤이 전하는 팁

❶ 이런 상황에서 효과적입니다.

  − 본격적인 학습 활동에 들어가기 전, 학생들의 배경 지식, 선호도를 확인할 필요가 있는 상황에서

  − 문제에 대한 해결책을 의논하는 수업에서(이 경우, 네 개의 코너에는 문제에 대한 가능한 해결책들이 위치하게 됩니다.)

  − 제재 글에 대한 토론이 필요한 수업에서

  − 모든 단원이 끝난 뒤, 평가가 필요한 상황에서

  − 학생들이 움직일 수 있도록 하고 싶은 수업에서

❷ 코너를 선택하기 전, 그 코너를 선택하게 된 이유를 간단히 적어보는 활동을 추가하는 것도 의미가 있습니다. 이 과정을 통해 자신의 생각 없이 타인의 의견에 휩쓸리는 것을 막아줄 수 있습니다.

3부

협력하는 괴짜를 만드는 수업은 따로 있다

1

협력하는 괴짜를 만들자

모범생이 아니라 괴짜를 만들자고요?

4차 산업혁명 시대에 요구되는 인재상은 무엇으로 정의할 수 있을 까요? 다보스 포럼 이사회 의장인 클라우드 슈바프의 "4차 산업혁명의 쓰나미가 몰려오고 있다."라는 발언은 대한민국 사회에 큰 파장을 불러 일으켰습니다. 그 이후 많은 전문가들이 4차 산업혁명 시대의 미래 인 재상을 정의하기 시작했지요. '앙트러프러너십이라고 불리는 기업가 정신을 가진 인재', '생각을 넘어 상상을 실현시킬 수 있는 인재', '점과 점을 잇는 선을 연결하고 자신만의 면을 만들어내는 인재', '사람을 넘 어 기계와도 협업할 수 있는 인재' 등이 그것입니다. 모두 이 세상에 필 요한 인재들이라는 생각이 들지만, 뭔가 확 와닿는 느낌은 부족합니다. 온라인 서점에서 '4차 산업혁명 시대의 인재'라는 키워드를 검색하다

인상적인 단어를 발견했습니다. 바로 '협력하는 괴짜'입니다.

국내 1세대 벤처 사업가이자 4차 산업혁명 전도사인 이민화 작가는 그의 책 『협력하는 괴짜』에서 딱 잘라 말합니다. "미래의 인재상은 협력하는 괴짜(cooperative geeks)다."

괴짜라고요? 괴짜는 보통 괴상한 짓을 잘하는 사람을 일컫는 단어가 아닌가요? 겨울에 민소매 티셔츠를 입거나, 한 분야에 지나치게 빠져 있는 오타쿠, 다른 사람들이 흉내 내지 못할 행동들을 당당하게 하는 사람들을 우리는 보통 괴짜라고 부릅니다. 그런데 그처럼 '골 때리는' 행동을 하는 괴짜가 미래의 인재상이라고 작가는 주장합니다. 단, 그들이 독립적으로 움직이는 것이 아니라 힘을 합쳐야 한다는 조건이 붙습니다. 이 개념이 바로 '협력하는 괴짜'입니다.

세계적으로 뛰어난 성과물을 발표하고 있는 이들 중에는 협력하는 괴짜가 많습니다. 테슬라모터스는 차는 기름을 넣어야 굴러간다는 통념을 깨고 전기자동차와 자율주행차를 만들어냈습니다. 자동차의 패러다임을 바꿔버린 것이죠. 테슬라모터스의 CEO 일론 머스크는 한술 더 떠 화성에 인류를 보낼 계획을 발표했습니다. 이름하여 '스페이스 X 프로젝트'. 이것이 끝이 아닙니다. 서울과 부산 사이의 거리보다 더 먼 뉴욕과 워싱턴을 30분에 주파하는 하이퍼루프(hyperloop) 프로젝트도 있습니다. 시속 1200㎞로 달리는 '탈 것'을 만들겠다는 이 아이디어가 현실화된다면 세상을 뒤흔들 교통혁명이 일어날 것입니다.

"나는 사회 부적응자다."

"나는 사회 부적응자다."라고 외치던 영국 출신 괴짜도 있습니다. 영국 일간지 《더타임스》는 이 사람을 두고 '40년 전의 비틀즈 이래 가장 성공적인 영국 제품'이라고 극찬했습니다. 그가 개발해내는 제품들은 출시만으로도 영국 전역을 달궜죠. 혁신의 아이콘으로서 영국의 스티브 잡스라는 별명까지 얻게 된 그의 이름은 제임스 다이슨(James Dyson)입니다.

　1980년 그는 먼지봉투가 없는 백리스(bagless) 타입 진공청소기에 대한 아이디어를 떠올렸습니다. 자본금이 부족했던 그는 청소기 제조업체들을 찾아다니며 자신의 아이디어로 함께 청소기를 개발하자고 설득했습니다. 그러나 관심을 보인 곳은 단 한 군데도 없었습니다. 그에게 돌아오는 것은 "아니, 그렇게 좋은 아이디어라면 이미 대기업에서 당연히 만들고 있지 않겠어?"라는 비아냥거림뿐이었습니다. 그렇지만 그는 포기하지 않았습니다. 13년 뒤인 1993년, 다이슨은 자신이 구상한 진공청소기를 만들기 위해 직접 공장을 차렸습니다. 그리고 결국 세계 최초로 먼지봉투 없는 진공청소기 G-Force를 만들어냈습니다.

영국의 프리미엄 가전제품 회사 다이슨은 그밖에도 고정관념을 깬 '괴짜 제품'들로 유명합니다. 먼지봉투 없는 진공청소기뿐만 아니라 날개 없는 선풍기, 날개 없는 온풍기, 날개 없는 가습기, 날개 없는 공기 청정기, 뜨겁지 않은 헤어드라이어까지. 'Different'라는 경영철학을 가진 기업답게 사회적 통념을 깨뜨리는 창의적인 결과물을 발표해가고 있습니다. 레코드 회사 '버진 레코드'를 시작으로 항공사 '버진 애틀랜틱'을 성공시킨 버진 그룹의 CEO 리처드 브랜슨, 세계 최대 인터넷 기업 구글의 공동 창업자 래리 페이지와 세르게이 브린, 중국 전자상거래 시장에서 80% 이상의 점유율을 차지하는 전자상거래 업체 알리바바 그룹의 회장 마윈도 스스로 괴짜를 자처합니다.

괴짜들끼리 서로 협력하자!

협력하는 괴짜는 황당한 일을 아무렇지도 않게 벌일 수 있는 사람입니다. 즉 혁신적인 마인드를 가지고 있는 이들이죠. 이민화 작가는 서울경제신문과의 인터뷰에서 협력하는 괴짜들이 필요한 이유를 이렇게 이야기했습니다.

"과거에는 반복적인 일을 열심히 하면 됐지만 인공지능(AI)이 나타나면서 인간은 좀 더 창조적이고 감성적인 분야로 이동할 수밖에 없게 됐다. 반복적인 일에 특화된 로봇과 차별화하면서 한 분야에서 탁월한 역량을 가진 괴짜들이 혁신을 이끌게 될 것이다. 다만 한 사람의 괴짜로는 완성품을 만들지 못하고 보다 나은 창조성을 이끌어내기 힘들기 때문에 괴짜들끼리 서로 협력하는 것이 필요하다."

– 서울경제신문. 2017.12.15

지금까지 우리 교육은 약점 없는 인재를 만들기 위해 노력했습니다. 그렇지만 앞으로는 약점이 있더라도 강점이 확실한 인재가 살아남을 것입니다. 이민화 작가는 한 강연에서 이렇게 말하기도 했습니다. "수학이나 과학 교과의 점수가 100점이지만 나머지 과목이 30점 이하라면 이 학생의 전체 평균은 60점일 것이다. 반면, 모든 과목에서 골고루 80점을 받는 학생들의 평균 점수는 80점이다. 4차 산업혁명 이전에는 여러 교과를 골고루 잘하는 '모범생'이 인재의 모습이었다. 하지만 이제는 시대가 변했다. 수학 능력만 월등히 뛰어나거나 과학 능력만 탁월한 사람들이 협업한다면 80점을 맞았던 모범생보다 더 큰 시너지를 발휘할 수 있다."

이렇게 앞으로의 시대는 약점 경쟁이 아닌 강점 협력의 시대가 되지 않을까요?

정리해보자면 협력하는 괴짜는 '창조'와 '협력'이라는 두 축을 균형 있게 유지하는 인재를 말합니다. 4차 산업혁명의 시대에서는 고고한 천재보다는 좌충우돌 괴짜들이 더 경쟁력을 갖게 될 것입니다.

모둠 구성, 이렇게 해보자

모둠 구성, 나만 어렵나?

"선생님, 저는 승환이랑 네 번이나 같은 모둠이었는데 이번에 또 짝이 됐어요. 다른 친구로 바꿔주시면 안 돼요?"

"선생님, 저는 지난달이랑 같은 자리에 다시 앉게 됐는데요?"

"선생님, 저 모둠 좀 바꿔주세요. 대현이 때문에 수업 시간에 집중할 수가 없어요."

"선생님, 다음 달에 자리 바꿀 때 저는 찬수랑 앉게 해주세요. 우리는 서로 마음이 잘 맞거든요."

"선생님, 이번에는 저희가 앉고 싶은 사람이랑 앉게 해주시면 안 돼요?"

모둠 구성하기는 대한민국 초·중·고등학교 모든 선생님들이 풀어야 할 영원한 숙제가 아닐까 싶습니다. 이렇다 할 정답이 없기 때문이죠. 그래서인지 교육연차가 쌓이더라도 모둠 구성만큼은 좀처럼 노하우가 생기지 않습니다. 예를 들어 학생들의 의견을 전적으로 받아들여 친한 친구들끼리 모둠을 만들 경우, 불만은 별로 없지만 꼭 한두 명씩 남는 학생이 생기게 됩니다. 그 학생들이 마음의 상처를 받게 되고요. 어떤 학년을 맡든 예외 없이 이런 상황이 발생합니다. 반대로 교사가 일방적으로 결정할 경우에는 남는 학생 없이, 시간을 절약하여 효율적으로 모둠 편성을 할 수 있습니다. 그렇지만 학생들의 마음속에서는 "아, 나는 승리랑 앉기 싫었는데 선생님이 억지로 앉혀버렸네."라는 불만이 생겨날 수도 있습니다. 이래도 문제, 저래도 불만이 생기기 때문에 모둠 구성은 언제나 쉽지 않습니다.

모둠 구성은 왜 이렇게 어려운 것일까요? 그 이유는 고려해야 할 변수가 많기 때문입니다. 학생들 사이의 교우관계, 학업 성적, 개인적 성향, 관심사, 신체조건 등등 신경 써야 할 게 한두 가지가 아닙니다. 예를 들어 우리 반의 절대 앙숙 형호랑 대연이를 떨어뜨리려다 보면 두 번째 앙숙 경희랑 대연이가 짝이 될 수밖에 없는 아이러니한 상황에 처하게 됩니다. A라는 변수를 고려하느라 B라는 변수를 제거하지 못하게 되는 것이죠. 사정이 이렇다 보니 매달 말이 되면 "모둠을 어떻게 짜는 것이 좋을까?"라는 고민을 일주일 정도 하다가 결국은 지난 달과 같은 방식을 선택하게 됩니다.

그렇다면 어떻게 모둠을 구성하는 것이 좋을까요? 저는 모둠 구성 방법을 다음의 다섯 가지로 구분합니다. 교사 중심 방법, 학생 중심 방법, 무작위 방법, 동질집단 구성법, 이질집단 구성법. 먼저 교사 중심 방법은 말 그대로 선생님 마음대로 모둠을 구성하는 것입니다. 교사가 정한 몇 가지 기준에 따라 모둠을 짜서 학생들에게 안내하는 것이죠. 학생 중심 방법은 모둠 구성권을 학생들에게 주는 것입니다. 학생들이 직접 결정하기 때문에 주인의식을 가지고 모둠을 만들 수 있습니다. 무작위 방법은 제비뽑기와 같은 방법을 이용해 무작위로 모둠을 구성하는 것입니다. 동질집단 구성법은 비슷한 성격, 비등한 학업 성적을 가진 학생들로 하나의 모둠을 구성하는 것입니다. 이와는 달리 기질이나 성격, 학업 성적이 다른 아이들이 하나의 모둠을 이루도록 편성하는 것이 이질집단 구성법입니다. 외향적인 학생 두 명, 내성적인 학생 두 명으로 이루어진 모둠이나 학습 수준 상위 한 명, 중위 두 명, 하위 한 명으로 이루어진 4인 1모둠을 만드는 것이죠. 모둠 간의 학습 격차를 최소화시켜준다는 장점이 있어 협동학습에서 주로 사용하는 방법입니다.

각각의 모둠 구성 방법에는 장단점이 존재합니다. 그렇기 때문에 학생들의 성향이나 학급의 분위기, 교과의 특성에 맞춰 적절히 취사선택하여 사용할 필요가 있습니다. 제가 소개하는 몇 가지 모둠 구성 방법들이 선생님 교실의 모둠 구성에 활기를 불어넣어주길 바랍니다. 다음에 제시되는 아이디어들을 잘 조합해서 선생님과 학생들의 스타일에 딱 맞는 맞춤형 모둠을 구성해보시길 바랍니다.

[모둠 구성법 1]
다중지능 이론 : 강점에 따라 구성하라

다중지능 이론으로 모둠 만들기

□ 활용 방법

❶ 다중지능 이론에 대한 설명의 시간 갖기

❷ 다중지능 검사하기 (선택사항)

❸ 자신의 강점 지능 고민하고 선택하기

❹ 구성원이 고루 분배되도록 합의하기

❺ 합의한 내용을 바탕으로 강점 지능이 고루 분배되도록 모둠 만들기

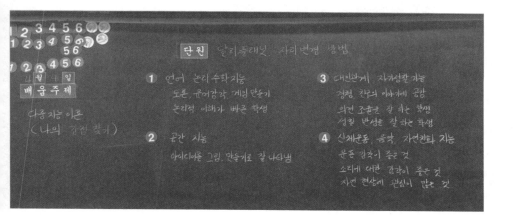

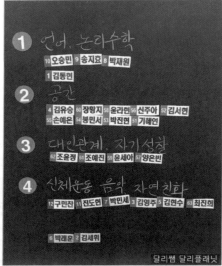

달리쌤 달리플래닛

□ 달리쌤이 전하는 팁

❶ 다중지능 검사지를 활용하여 자신의 강점 지능을 확인할 수 있습니다.

❷ 스스로 강점 지능을 선택하기 어려워할 경우, 친구나 교사가 평소 지켜봐왔던 모습을 바탕으로 몇 가지를 제안해주는 방법도 추천합니다.

❸ 사진과 같이 이름 스티커를 활용하면 효율적입니다.

[모둠 구성법 2]

트럼프 카드 : 같은 번호끼리 모여라

트럼프 카드로 모둠 만들기

□ 활용 방법

❶ 카드 한 벌 중 학생 수에 맞추어서 같은 숫자의 카드들 네 장이 모두 포함된 상태로 준비합니다.

❷ 카드를 넓게 펼친 상태에서 한 줄로 서서 카드를 학생이 직접 선택해서 가져 가도록 합니다.

❸ 같은 번호를 가진 네 명이 모이게 합니다. (숫자는 동일하지만 모양이 ♠ ♦ ♥ ♣로 서로 다른 네 명)

❹ 모양별로 앉는 자리를 지정(♠—1번 자리, ♦—2번 자리, ♥—3번 자리, ♣—4번 자리)하면 쉽게 자신의 자리를 찾아 앉을 수 있습니다.

❺ 학생이 받은 카드에 번호와 이름을 적도록 합니다.

❻ 누가 어떤 역할을 맡았는지 알 수 있고, 모둠원이 누구인지 알 수도 있고, 나 중에 카드를 이용해 발표자 뽑기를 할 때도 활용할 수 있습니다.

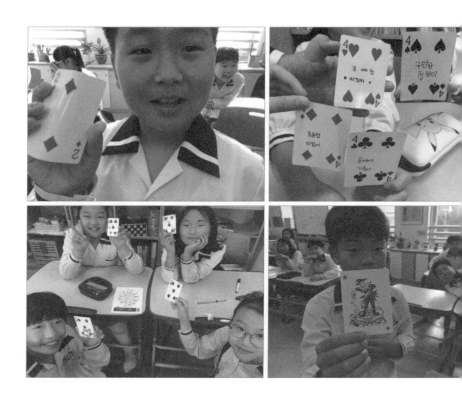

□ 달리쌤이 전하는 팁

❶ 재미를 더하기 위해 조커 카드를 추가해서 뽑기를 진행할 수 있습니다. 두 장
의 조커 카드를 추가로 준비합니다. (학생 수만큼의 카드 + 조커 카드)

❷ 조커 카드를 뽑으면 한 번 더 뽑을 수 있는 기회를 제공합니다.

[오둠 구성법 3]
휴지 폭탄 : 내 오둠은 내가 고른다

휴지 폭탄으로 모둠 만들기

□ 활용 방법

❶ 교사는 칠판에 학급 자리 배치도를 그립니다.

❷ 학생들은 휴지에 물을 묻혀 눈처럼 만든 뒤, 일정한 거리에서 던집니다.

❸ 던진 휴지가 부착된 곳이 자신의 자리가 됩니다.

❹ 자리 배치가 끝난 뒤, 특별한 사유(시력. 관계)가 있다면 2차로 변경합니다.

□ 달리쌤이 전하는 팁

❶ 너무 세게 던질 경우 휴지가 찢어져 흩어질 수 있습니다.

❷ 물 칠판일 경우 가능한 방법입니다.

❸ 아이들에게는 즐거운 시간이었으니 뒷정리는 선생님이 쿨하게! (칠판에 붙어

있는 화장지 조각들은 칠판 지우개에 물을 잔뜩 묻혀 지우면 의외로 깔끔하게 없어집니다.)

❹ 같은 곳에 부착된 경우에는 합의하여 결정합니다. 다시 기회를 주는 방법도

있습니다.

[모둠 구성법 4]

그림 맞추기 : 퍼즐로 모둠을 만들다

그림 맞추기로 모둠 만들기

□ 활용 방법

❶ 달력 사진, 잡지 사진, 그림엽서, 광고지 등 이미지가 들어간 종이를 모둠의 수만큼 준비합니다.

❷ 각각의 그림을 구성할 모둠의 수만큼 자릅니다.

❸ 그림을 섞은 다음에 학생들에게 무작위로 나누어 줍니다.

❹ 그림 조각을 맞추어보며 한 장의 완성된 그림을 만들 수 있는 학생들끼리 모여 모둠을 구성합니다.

❺ 받은 그림은 학생들끼리 서로 바꾸지 않는 것을 원칙으로 합니다. 바꿀 수 있게 하면 친한 친구들끼리 모이려고 하게 되어 혼란스러워지고 모둠 구성이 엉망이 될 수 있습니다.

□ 달리쌤이 전하는 팁

❶ 사진 중앙에 1, 2, 3과 같이 모둠 번호를 미리 써둡니다.

❷ 비슷한 느낌의 사진을 사용해서 의도적으로 혼란을 일으키는 방법도 추천합
니다.

❸ 완성된 사진은 모둠 활동 기간이 끝날 때까지 잘 보이는 곳에 붙여두세요.

❹ 학생들과의 추억이 담긴 사진을 사용하면 더 좋습니다.

3

팀 빌딩 : 어떻게 최고의 팀을 만들까?

팀 빌딩이란 무엇일까

팀 빌딩은 인적자원개발(Human Resources Development, HRD)에서 강조하는 단어입니다. 하지만 우리들이 생활하는 교실에서도 충분히 사용할 수 있는 단어지요. 두산백과에서는 팀 빌딩을 다음과 같이 설명합니다. '팀원들의 작업 및 커뮤니케이션 능력, 문제해결 능력을 향상시켜 조직의 효율을 높이려는 조직개발 기법이다.' 좁은 의미로 팀 빌딩은 팀 구성원 간에 친밀감과 유대감을 공고히 하여 성공적인 팀 활동을 위해 신뢰를 쌓는 과정을 말합니다. 협동학습에서 말하는 '모둠 세우기', '학급 세우기'와 비슷합니다.

협력하여 문제를 해결해야 하는 상황에 자주 부딪히는 학생 중심의 수업에서 팀 빌딩은 선택이 아니라 필수입니다. 모둠과 학급이 바로 서 있지 않다면 어떠한 수업 활동도 성공하기 어렵습니다. 그러므로 팀의 성공이 개개인의 성공보다 우선시되는 분위기를 만들어 팀원들이 서로 적극적으로 협력하게 만드는 것이 가장 중요합니다. 이것이 바로 협동학습에서 말하는 긍정적 상호 의존입니다. 모둠 구성원 모두가 공동의 목표 달성을 위해 꼭 필요한 사람이라는 것을 알아가는 과정이 핵심이지요. 그 속에서 서로 믿고 의지하는 관계가 두터워지고, 문제 상황을 대화로 풀어가는 의사소통의 경험이 쌓이게 됩니다.

팀 빌딩의 첫 단추, 기반 다지기

기반 다지기는 모둠으로 활동하기 위한 기본기를 닦는 과정입니다. 모둠 내에서 역할을 정하고 활동 서약서를 작성하는 것은 좀 더 발전한 모둠 활동을 만들어가기 위해 학생들에게 책임감을 심어주는 팀 빌딩 기법입니다. '자율'이라는 명목으로 역할을 부여하지 않으면 서로 할 일을 미루거나 선호하는 활동을 독점해버리는 혼란이 생깁니다. 그래서 협동학습에서는 교사가 개인별 역할을 부여하는 것이 효과적이라고 말합니다.

반면, 탈구조화된 또래 학습을 강조하는 협력학습에서는 교사가 학생들에게 개인별 역할을 부여하지 않고 학생들이 자율적으로 역할을 분담하거나 뚜렷한 역할 구분 없이 모둠 활동을 진행하는 것이 좋다고 이야기합니다. 학생들이 자발적인 의지에 따라 서로 협력할 수 있도록 유도하는 것이 좋은 방법이라고 생각하기 때문입니다.

교사가 가지고 있는 교육 철학과 학생들의 실태는 너무나도 다양하기 때문에 어떤 방법이 더 좋은 방법이라고 단정 지어 말할 수는 없습니다. 학생들의 모둠 활동 수준과 익숙함의 정도에 따라 선택적으로 운영하는 것이 좋습니다.

기반 다지기는 네 가지 장점을 가집니다. 첫째, 개개인이 아니라 '우리'라는 단위로 생각하게 만들어줍니다. 둘째, 스스로에게 약속하는 과정을 통해 책임감을 가지고 모둠 활동에 참여하려는 의지를 다져줍니다. 셋째, 무임승차를 방지할 수 있습니다. (무임승차자 : 소극적으로 참여하는 학생들) 넷째, 일벌레가 생기는 것을 방지할 수 있습니다. (일벌레 : 자신에게 주어진 과제 이상의 역할을 하는 학생들. 무임승차자가 늘면 필연적으로 일벌레가 늘어날 수밖에 없습니다.)

팀 빌딩의 두 번째 단추, 팀 빌딩 게임

교육 연극에서부터 불어온 '교실 놀이'의 바람이 수업까지 확산되어 '수업 놀이'라는 단어가 인기를 끌고 있습니다. 서준호 선생님의 『교실놀이백과 239』, 『허쌤의 수업 놀이』, 『나승빈 선생님의 수업 놀이』 등 전국적으로 유명한 스타 선생님들의 놀이 책 또한 많이 발간되었습니다. 그 책들에서 소개하는 놀이와 여기서 소개하는 팀 빌딩 게임의 차이점은 참여 인원입니다. 여기에는 학급 전체가 참여하는 놀이가 아니라

4~5명이 함께 할 수 있는 '팀' 게임만을 모았습니다. (물론 팀 미션을 완료한 뒤에는 학급 전체가 참여하는 형식으로 변형할 수도 있습니다.)

팀 빌딩 게임은 다섯 가지 장점을 가집니다. 첫째, 팀 게임을 통해 긍정적인 관계를 형성할 수 있습니다. 둘째, 모둠 구성원 간의 협동심을 길러줄 수 있습니다. 셋째, 당면한 문제를 함께 해결해가는 과정 속에서 자연스럽게 의사소통할 수 있습니다. 넷째, 놀이로 생각하기 때문에 흥미를 가지고 참여합니다. 다섯째, 문제를 해결하는 과정에서 창의성을 발휘할 수 있습니다.

다음은 특별한 준비물이 필요하지 않으면서도 학생들의 팀워크를 길러줄 수 있는 기법들입니다. 모둠 속에 친밀감과 유대감, 책임감을 심어줄 수 있는 팀 빌딩 활동을 시작해볼까요?

[최고의 팀 전략 1]
모둠에서 각자 역할을 갖게 하라

모둠 내 역할 정하기

모둠 내 역할을 구분하는 것만으로는 의미가 없을 수 있습니다. 자신의 역할에 대한 구체적인 이해가 필요합니다. 어떤 역할을 하는지는 교사가 안내해줄 수도 있고, 학생들이 직접 생각해보고 결정할 수도 있습니다. 그래서 모둠 내 역할 정하기 활동지에는 해야 할 역할이 무엇인지, 자주 하고 싶은 말이 무엇인지에 대해 생각해볼 공간을 마련했습니다.

모둠 내에서 각자 해야 할 역할이 명확하게 정해져 있다면 불필요한 다툼이 생기지 않습니다. 역할과 명칭은 교사의 스타일과 수업 방식에 따라 다양하게 정할 수 있습니다. 저학년의 경우 초록이, 빨강이, 노랑이와 같은 귀여운 이름을 사용하는 것도 좋습니다.

월 우리 모둠 이름 :달리믈크 조 (6조)

명 름	해야 할 역할	자주 하고 싶은 말
이 가	모둠 내에서 사회 진행을 하고 활동 진행이 최종 책임 역할	~부터 이야기를 해보자 ~야 네 생각은 어때? 우리 집중해서 이야기 대씨 해보자 선생님의 평을 귀담아 듣자
이 현	모둠 의견을 모둠 학습지나 모둠 공책에 기록하는 역할	조금만 더 이야기 해 보자 다른 의견이 있을까? 내가 공책에 정리 할께 정확하게 다시 말해 봐
이	모둠 안에서 다른 모둠원들의 활동을 관찰하여 칭찬역할	참 잘 했어. 괜찮어 친구야. 넌 할 수 있어요
	학습도구 관리하고 학습지를 배부하거나 제출하는 역할	1.빨리 내가 챙겨 올게 5.학습지 받으면 이름쓰자 2.우리모둠은 현재 ○○점이야 3.빨리 준비하자 4.다음은 우리 모둠 차례야 준비해야 하니

□ 활용 방법

❶ 교사는 모둠 내 역할의 종류를 안내합니다. 또는 역할의 종류를 학급 전체와 함께 정해볼 수도 있습니다.

❷ 모둠 내 협의를 통해 역할을 나누고, 자신의 역할과 자주 하고 싶은 말을 기록합니다.

❸ 혼자서 먼저 적어봅니다. 그 다음 활동지를 돌려가며 모둠 내에서 역할과 하고 싶은 말을 보충해줍니다.

❹ 자신의 역할과 자주 하고 싶은 말을 발표합니다.

❺ 주 단위, 요일 단위로 역할을 변경합니다.

□ 달리쌤이 전하는 팁

• 이끔이만 교사가 정하고 학생들이 상의해서 나머지 세 역할을 창의적으로 만들어보는 방법도 효과적입니다. 자신들이 만들었기 때문에 더 책임감을 가지고 이 역할을 수행하게 됩니다.

이름을 정하게 하라

모둠 이름 짓기

모둠 이름 짓기는 팀 빌딩 활동 중 가장 간편하면서도 의미 있는 활동입니다. 우리를 나타내는 명칭을 함께 생각해보고 정한다는 것만으로도 '우리는 하나'라는 동료의식을 심어줄 수 있습니다. 하지만 아무런 규칙 없이 이름을 정하라고 하면, 잘 되지 않는 경우가 많습니다. 목소리가 크거나 자기주장이 강한 학생이 생각하는 것으로 결정되어버리기도 합니다. 구성원 전체가 합의하는 이름이 만들어져야만 구성원 모두가 소속감을 갖고 활동할 수 있습니다.

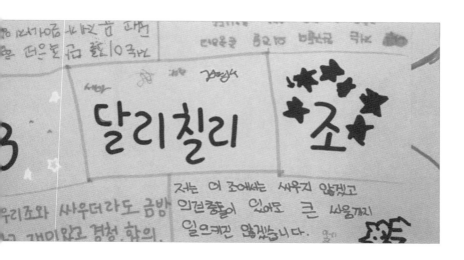

□ 활용 방법

❶ 개인별로 모둠 이름을 구상합니다. 그냥 이름만 생각해보라고 하면 떠올리기 쉽지 않으므로, 자기 모둠 친구들의 공통점, 과일, 미덕, 동물 등으로 예시를 들어주는 것이 좋습니다.

❷ 모둠 구성원들과 함께 합의하여 이름을 결정합니다.

❸ 함께 만든 모둠 이름을 학급 전체에게 소개합니다.

❹ 만들어진 모둠 이름을 다른 팀 빌딩 활동에 활용합니다. (예 : 이구동성 게임, 구호 만들기)

□ 달리쌤이 전하는 팁

❶ 주제를 정해 모둠 이름을 짓는 방법도 추천합니다. 예를 들어 3월 – 과일과 관련된 이름, 4월 – 아이돌과 관련된 이름, 5월 – 동물과 관련된 이름과 같은 방법으로 정하면 학급 전체가 하나의 바구니 속에 들어갈 수 있습니다.

❷ 이름을 만든 다음에는 (다소 고전적이긴 하지만 초등 4학년 이하 학생들에게는 제법 인기가 있는) 아이엠그라운드 모둠 소개하기 게임으로 연결할 수 있습니다.

모둠 활동 서약서

서약서는 약속을 이행하겠다는 다짐을 적은 문서입니다. 혼인서약서, 청렴서약서, 비밀유지서약서, 금연서약서 등 종류도 다양합니다. 서약은 맹세하고 약속한다는 의미로, 서약서를 쓰는 것은 단순히 의지를 표현하는 것뿐만 아니라, 그것을 이행하도록 강제하는 성격도 갖습니다. 결국 모둠 활동에 참여하는 나의 다짐과 함께 일정한 구속력을 갖는 것이 바로 모둠 활동 서약서입니다.

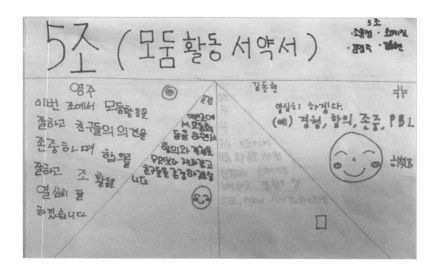

□ 활용 방법

❶ 원활한 모둠 활동을 위해 무엇을 지켜야 하는지 모둠 구성원들과 토의합니다.

❷ 토의 내용을 바탕으로 자신이 약속하고 싶은 내용을 기록합니다.

❸ 활동 서약서의 내용을 발표하고 수정합니다.

❹ 자신의 이름과 사인을 기록합니다. 사인을 기록하는 것은 동의의 의미입니다.

❺ 모둠 활동 서약서의 내용을 선서합니다.

❻ 완성된 모둠 활동 서약서를 교실 내 잘 보이는 곳에 게시합니다.

□ 달리쌤이 전하는 팁

❶ 사인 대신 지장이나 지우개 도장을 찍어보는 것도 학생들이 흥미로워 합니다.

❷ 모둠 서약서를 작성한다고 해서 모둠 내 화합이 갑자기 잘 이루어지거나 눈에 띄게 다툼이 줄어들지는 않습니다. 하지만 화합이 잘 되지 않을 때 게시되어 있는 서약서를 다시 확인하도록 하여 자신의 다짐을 회상시키면, 학생들은 스스로 정한 약속을 지키고자 노력하려는 모습을 보이게 됩니다.

협동 의자 : 우리 팀이 살아남게 하다

협동 의자

"은빈이 안 떨어지게 잘 잡아줘!"
"종민아! 그냥 나한테 업힐래?
"한 발로만 버텨보자!"
"내 손을 꼭 잡아!"

협동 의자는 의자 하나만 가지고 교실에서 쉽게 할 수 있는 팀 빌딩 게임입니다. 잘 알려진 의자 빼앗기 게임과 달리, 의자의 수가 하나씩 줄어들수록 경쟁이 아닌 협력을 하며 참여하게 됩니다.

기본 방식은 간단합니다. 의자 수를 줄여가며 의자에 모둠 구성원 모두가 올라가는 것입니다. 최종적으로는 한 개의 의자에 모둠 구성원 4~5명이 올라가게 됩니다. 신문지 접기 게임과 비슷하지만 의자라는 물체를 어떻게 창의적으로 이용하느냐에 따라 다양한 방법이 탄생할 수 있습니다.

□ 활용 방법

❶ 교실 중앙에 모둠 구성원 숫자만큼의 의자를 준비합니다.

❷ 교사가 미션 과제로 단계별로 의자를 하나씩 빼고, 의자 위에 모둠원이 앉거나 올라갈 수 있도록 합니다.

❸ 최종적으로 의자 한 개에 모둠 전체가 모두 앉거나 올라가도록 합니다.

❹ 10초를 세서 떨어지지 않고 버티면 성공!

❺ 성공한 뒤에는 기념사진을 꼭 남겨주세요.

□ 달리쌤이 전하는 팁

❶ 협동 의자 게임 중간에 아이디어 회의 시간을 제공하면 좀 더 창의적인 방법으로 의자를 이용하게 됩니다.

❷ 네 명까지 성공한 뒤에는 다섯 명, 여섯 명으로 수를 늘려가며 반 전체 도전 미션으로 업그레이드해서 진행할 수 있습니다.

❸ 기념사진 촬영 시에는 '가장 이빨이 많이 나오게', '콧구멍이 크게 나오게' 등의 미션을 추가합니다.

❹ 노래는 무조건 신나게! 최신 곡을 틀어주세요.

❺ 학생들의 안전을 위해 넓은 공간에서 진행해주시고 위험한 물건들은 미리 정리해주세요.

후프 넘기기 : 후프 속에서 협업을 발견하다

후프 넘기기

'후프 넘기기'는 모둠별로 손을 잡고 일렬로 서서 가장 왼쪽에서 오른쪽으로 손을 이용하지 않고 훌라후프를 넘기는 게임입니다. 간단한 규칙이지만 훌라후프를 몸으로 넘기는 과정에서 소소한 협력이 필요합니다. 친구들이 움직일 수 있는 공간을 만들고 통과하기 쉽도록 후프를

반쳐줘야 하기 때문에, 자연스럽게 서로를 배려하고 도와주게 됩니다. 다양한 동작들이 나오게 되어 구경하는 학생들도 즐겁고 1, 2학년 학생들도 재미있게 참여할 수 있습니다. 모둠 간 경쟁이 아니라 10초 안에 넘기기, 15초 안에 두 개 넘기기와 같이 협력할 수 있는 방식으로 운영하는 것이 좋습니다.

□ 활용 방법

❶ 모둠별로 일렬로 손을 잡고 섭니다.

❷ 왼쪽에서 오른쪽으로 몸만 이용해 후프를 통과시킵니다. (손은 사용할 수 없습니다.)

❸ 차례대로 몸을 이용하여 후프를 전달합니다.

❹ 마지막 사람의 몸이 후프에서 완전히 빠져나와야만 성공!

❺ 모둠별로 반복해서 연습하며 시간을 단축시켜봅니다.

❻ 학급 전체가 함께합니다. 이때는 가장 빨리 성공한 팀을 뽑는 것이 아니라 설정한 목표를 달성한 모둠을 격려합니다.

□ 달리쌤이 전하는 팁

❶ 모둠별 활동이 익숙해진 뒤, 참여하는 학생의 수를 늘려가며 진행할 수 있습니다. 이 경우에는 원을 만들어 활동하는 것이 좋습니다.

❷ 후프의 수를 2~3개로 늘려가며 진행할 수 있습니다.

❸ 후프를 통과하기 전이나 후에 '코끼리 코로 다섯 바퀴 돌기'와 같은 미션을 추가하면 더욱 재미있게 즐길 수 있습니다.

[최고의 팀 활동 3]

손 잡고 일어서기 : 힘을 모아 일어나다

손 잡고 일어서기

'손 잡고 일어서기'는 모둠 구성 후 간단하게 해볼 수 있는 팀 빌딩 게임입니다. 새학기 첫날에 아이스브레이킹 활동으로 활용하는 것도 효과적입니다. 나 혼자가 아니라 서로의 힘을 이용하여 일어선다는 것에 이 게임의 의미가 있습니다. 함께한다는 것은 내가 가진 것을 나눠준다는 말과 같은 의미가 아닐까요?

처음에는 2인 1조로 손을 엇갈려 잡고 일어나는 간단한 수준에서 시

작합니다. 4명, 8명, 16명으로 점차 인원수를 늘려가며 진행할 수 있습니다. 이때 중요한 것은 양손을 잡고, 양발을 모두 모으고 붙인 상태에서 서로 잡아당기면서 일어서는 것입니다. 함께 무엇인가를 이루기 위해서는 한쪽으로 치우치지 않는 '균형감각'이 필요하다는 것을 느끼게 만들어주는 활동입니다.

□ 활용 방법

양손을 잡고 양발을 모두 모으고 붙인 상태에서, 서로 잡아당기면서 일어서야 합니다.

❶ 2인 1조로 함께 일어서기

❷ 4인 1조로 함께 일어서기

❸ 8인 1조부터는 한 칸 옆 친구와 손을 잡는 방법으로 난이도를 높여 적용합니다.

❹ 같은 방법으로 학급 전체가 원을 만들어 동시에 일어납니다.

□ 달리쌤이 전하는 팁

❶ 손 잡고 일어서기에 성공하면 그 뒤에 10초 버티기 같은 미션을 추가해보세요.

❷ 모든 구성원이 동시에 일어나야 합니다. 파도타기를 하면서 한 명씩 차례대로 일어나는 것은 성공으로 인정하지 않습니다.

❸ 손이 풀려버리거나 넘어진 경우에는 처음 자세(앉은 자세)부터 다시 시작해야 합니다.

❹ 게임이 끝난 뒤 '나에게 가장 도움을 준 친구'가 누구인지 말하는 시간을 가져보세요. 작은 활동이지만 서로에게 고마움을 느낄 수 있습니다.

이구동성 : 입을 모아 외치다

이구동성

'이구동성 게임'은 네 글자짜리 단어 하나를 네 명의 모둠 구성원이 각각 한 음절씩 외쳐서 어떤 단어인지 맞추는 게임입니다. 모둠 구성원 끼리 타이밍을 맞춰 함께 이야기하는 호흡과 눈치가 중요한 팀 빌딩 활동입니다. 정답을 맞힐 수 있는 기회를 공평하게 배분해야만 공정한 게임이 될 수 있습니다. 모둠의 이름을 만든 뒤, 이구동성 퀴즈를 통해 이

름을 공개하는 방식으로 활용하면 좋습니다.

  이구동성 게임의 업그레이드 버전인 '이구동성 2'도 소개합니다. 기본적인 방법은 같습니다. 다른 점은 네 글자 단어를 한 음절씩 말하는 것이 아니라 네 명이 각자 다른 답을 말하는 것입니다. 예를 들어 "가장 좋아하는 과일은?" 하고 질문을 던지면 네 명이 동시에 각기 다른 답을 말합니다. 나머지 학생들은 네 개의 답이 무엇인지를 모두 맞혀야 합니다.

□ 활용 방법
  ❶ 모둠 구성원들끼리 네 글자로 구성된 단어를 정합니다.
    (4인 1모둠일 경우 네 글자, 3인 1모둠일 경우 세 글자)
  ❷ 모둠 구성원들이 각각 해당 단어의 음절 한 개씩을 담당합니다.
  ❸ 각자가 담당한 음절을 큰 소리로 동시에 외칩니다.
  ❹ 나머지 모둠에서 정답이 무엇인지 입 모양이나 소리로 파악하여 정답을 모둠 칠판에 기록합니다.

□ 달리쌤이 전하는 팁
  ❶ 모둠 이름을 이용하여 이구동성 게임을 진행할 수 있습니다. 예를 들어, 달리2조라고 모둠 이름을 만든 뒤, 이구동성 게임으로 우리 모둠의 이름 맞추기 활동을 하는 것입니다. (4인 1모둠 = 네 글자 이름)
  ❷ 들은 후 상의하지 않기 규칙을 추가하면 더 재미있습니다.
  ❸ 다섯 번 안에 맞추기, 일곱 번 안에 맞추기 등의 도전과제 형식으로 진행할 수 있습니다.

❹ 힌트는 이렇게 제시할 수 있습니다.

  – 한 사람씩 입 모양만 보여주기

  – 한 글자 공개하기

  – 두 사람만 외치기

❺ 종이로 만든 확성기 같은 도구를 이용하면 더 재미있습니다.

[최고의 팀 활동 5]

몸으로 말해요 : 바디랭귀지로 호흡하다

몸으로 말해요

'몸으로 말해요'는 제한시간(1~2분) 내에 말을 하지 않고 몸동작만으로 표현하여 단어나 속담 등을 맞추는 게임입니다. 방법이 간단하기 때문에 모둠 편성이 끝난 뒤 자투리 시간을 이용해 가볍게 진행할 수 있습니다. 문제를 출제하고 정답을 맞히는 학생들뿐만 아니라 보는 학생들도 즐겁게 웃으며 참여할 수 있는 팀 빌딩 게임입니다.

제시어들을 분류해서 미리 준비해놓고 모둠별로 선택하게 하는 것이 좋습니다. 그래야만 난이도에 대한 불만이 없고, 제시어를 선택하는 재미도 있습니다. 제시어의 80~90%는 쉬운 걸로 하는 것이 좋습니다. 어려운 문제는 흥미를 떨어뜨립니다. '우리 모둠의 호흡이 잘 맞는구

나!' 하는 느낌을 주기 위해, 어려운 문제는 한두 개만 준비해주세요.

□ 활용 방법

❶ 모둠별로 제시어 꾸러미를 선택합니다.

❷ 모둠원이 교실의 중앙에 한 줄로 섭니다.

❸ 맨 앞에 선 학생을 제외한 나머지는 뒤를 봅니다.

❹ 맨 앞에 선 학생에게 정답을 보여주고, 게임에 참여하지 않는 학생들에게 정
답을 이어서 보여줍니다.

❺ 다음 사람의 어깨를 건드려 신호를 준 다음, 정답을 몸으로 표현하여 설명합
니다.

❻ 이때, 소리는 낼 수 없습니다.

❼ 가장 마지막에 있는 학생까지 전달합니다.

❽ 마지막 사람은 정답을 입으로 이야기합니다.

❾ 모둠당 2분 정도로 제한시간을 주는 것이 좋습니다.

□ 달리쌤이 전하는 팁

❶ 박진감 넘치는 전개를 위해 몸으로 표현하는 시간을 개인당 15초 정도로 제한할 수 있습니다.

❷ 쉽게 사용할 수 있는 제시어 목록

　– 인물 : 김연아, 트와이스, 유재석, 워너원, 방탄소년단

　– 속담 : 고래 싸움에 새우등 터진다. 천 리 길도 한 걸음부터, 말 한마디에 천 냥 빚을 갚는다. 뛰는 놈 위에 나는 놈 있다. 작은 고추가 맵다, 믿는 도끼에 발등 찍힌다, 자라 보고 놀란 가슴 솥뚜껑 보고 놀란다.

　– 캐릭터 : 인어공주, 백설공주, 스파이더맨, 아이언맨, 트랜스포머, 피노키오, 헐크

신문 기차 : 함께 만들고, 함께 달린다

신문 기차

'신문 기차'는 신문지를 길게 이어 붙여 띠처럼 만든 뒤, 처음과 끝을 연결하여 모둠 구성원들이 그 속에서 놀이동산의 '다람쥐통'처럼 궤도를 만들며 이동하는 게임입니다. 청 테이프와 신문지만 있으면 쉽게 만들 수 있습니다.

신문 기차는 만드는 과정에서부터 협동이 필요합니다. 한쪽에서는 신문이 날아가지 않도록 잘 눌러줘야 하고, 다른 한쪽에서는 테이프를 붙여야 합니다. 또 다른 친구들은 테이프를 잘 뜯어줘야 합니다. 신문 기차가 운행될 때에도 마음이 잘 맞아야 합니다. 일정한 속도를 유지하며 함께 걸어야 하고, 손으로도 신문지를 뒤로 조금씩 넘겨야 하기 때문입니다.

□ 활용 방법

❶ 학생들은 모둠별로 신문지와 청 테이프 세 개를 준비합니다. 신문지는 많을수록 좋습니다. 대신, 모둠 간 신문지의 양이 너무 차이가 많이 나면 안 됩니다. 적절하게 조정해주세요.

❷ 신문 기차 출발 시간을 안내해주세요. 출발 전까지 제작을 완료해야 합니다.

❸ 신문지와 청 테이프를 이용하여 띠처럼 이어 붙입니다.

❹ 도착 지점과 도착 시간을 안내합니다.

❺ 모둠 구성원 모두가 들어가서 신문 기차를 운행합니다. 이때 보폭을 맞춰 같은 속도로 걸으며, 손을 이용해 신문지를 뒤로 조금씩 넘겨줘야 신문 기차가 계속 나아갈 수 있습니다.

❻ 만약 운행 도중 찢어질 경우 보수 공사를 할 수 있습니다. 대신 도착점까지 들어오는 시간은 변하지 않습니다.

❼ 시간에 맞춰 신문 기차가 도착하면 성공!

- 가장 간단한 방식은 팀 대항전으로 운영하는 것입니다. 하지만 저는 경쟁의 색깔을 뺀 두 가지 방법을 추천합니다. 하나, 모둠 내에서 목표 거리를 정한 뒤 그곳까지 시간 내에 도달하는 방법. 둘, 학급 전체가 완주해야 할 목표 거리를 정한 뒤, 각 모둠별로 이동한 거리를 합산하여 목표를 달성하는 방법. (이 경우에는 운동장 트랙을 도는 방식으로 운영하는 것이 좋습니다. 예를 들면, 학급 전체가 400미터의 트랙을 목표 거리로 설정합니다. 1모둠의 기차가 찢어져서 더 이상 이동할 수 없을 때, 2모둠의 기차가 1모둠이 멈춘 지점에서부터 출발하는 방식입니다.)

[최고의 팀 활동 7]

여왕 닭을 잡아라!

여왕 닭을 잡아라!

'여왕 닭을 잡아라!'는 여왕이 공을 맞으면 모든 사람이 죽는 여왕벌 피구에서 아이디어를 가져온 모둠 대항 닭싸움입니다. 모둠 구성원 한 명이 여왕 닭이 되고 나머지는 국내산 토종닭이 됩니다. 토종닭들은 여왕 닭이 넘어지지 않도록 방어하며 상대편 토종닭들을 공격합니다. 여왕 닭을 보호하며 모둠 내 유대관계가 돈독해지는 팀 빌딩 게임입니다.

여왕 닭을 누구로 정하느냐가 중요합니다. 보통 여학생이 여왕 닭을

했을 경우 균형이 잘 맞습니다. 남학생 중 닭싸움에 자신이 있는 학생들
이 토종닭 역할을 맡아주면 박진감 넘치는 승부를 만들 수 있습니다.

□ 활용 방법

❶ 모둠 내에서 여왕 닭 한 마리를 결정합니다. 나머지 구성원들은 국내산 토종
닭이 됩니다.

❷ 모둠 대항으로 닭싸움을 시작합니다.

❸ 토종닭은 토종닭끼리만 공격할 수 있습니다.

❹ 여왕 닭은 상대편 토종닭과 여왕 닭 모두를 공격할 수 있습니다.

❺ 여왕 닭이 넘어지면 게임이 끝나게 됩니다.

❶ 여왕 닭끼리 서로 공격하지 않고 수비만으로 버티면 게임의 긴장감이 떨어지게 됩니다. 이를 막기 위해 제한시간을 정해놓고 대결하는 것이 좋습니다.

❷ 닭싸움의 기본 원칙은 다리를 바꾸지 않는 것이지만 학생들의 수준에 맞춰 다리 변경을 허용해줄 수 있습니다.

❸ 우리 모둠의 승패는 여왕 닭의 생존과 직결됩니다. 닭싸움 실력이 가장 좋은 학생이 여왕 닭이 되는 것이 좋습니다.

[최고의 팀 활동 8]

등에서 등으로!

등으로 말해요

'등으로 말해요'는 등에 글씨를 써서 앞으로 전달하는 팀 빌딩 게임입니다. 간단한 아이스브레이킹 활동으로 좋습니다. 저는 이 방법을 모둠 내 관계를 돈독하게 만드는 것으로 응용해보았습니다. 간단한 스킨십은 상대방에 대한 우호적인 감정을 만들어준다고 합니다. 게임 과정에서 자연스럽게 친구들과 접촉하게 되므로 모둠 내 친밀감을 높일 수 있습니다.

모둠에서 함께 정한 규칙을 논의해보고 이 규칙을 나타낼 수 있는

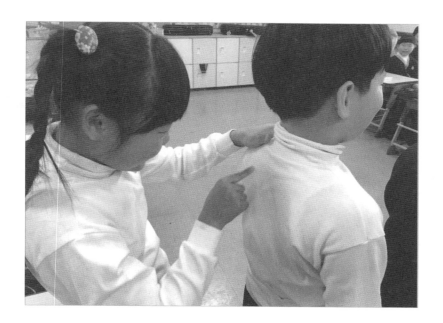

몇 개의 핵심 단어들을 뽑습니다. 예를 들어 존중, 합의, 경청과 같은 단어들을 선정합니다. 이 단어들을 등에다 써서 맨 뒷사람에서 시작하여 맨 앞사람까지 전달합니다. 맨 앞사람은 전달받은 단어를 칠판에 기록합니다.

□ 활용 방법

❶ 원활한 모둠 생활을 위해 지켜야 할 가치가 무엇인지 논의합니다.

❷ 쪽지 한 장에 가치 하나씩을 적어 바구니에 넣습니다. 이 쪽지가 제시어의 역할을 하게 됩니다.

❸ 모둠별로 한 줄로 서거나 앉습니다.

❹ 맨 뒷사람은 바구니에서 단어를 뽑아 바로 앞 사람의 등에 글씨를 써서 전달합니다.

❺ 같은 방법으로 자기 앞 사람에게 계속 전달합니다.

❻ 모둠 맨 앞 사람은 전달받은 문장을 칠판에 씁니다.

□ 달리쌤이 전하는 팁

❶ 모둠 게임에 들어가기 전, 간단한 워밍업으로 짝끼리 등에다 글을 쓰고 맞추기를 해봅니다. 단어보다는 간단한 '한 글자 맞추기'가 좋습니다.

❷ 모둠 간 빨리 전달하기 방식으로 운영할 수 있습니다.

❸ 모둠 내에서 운영할 경우 '1분 안에 성공하기' 등을 도전 과제로 세우고 진행할 수 있습니다.

❹ 더디더라도 서로 존중하고 격려해주는 분위기 속에서 이루어져야 합니다.

[최고의 팀 활동 9]
트위스터 : 몸으로 친해지다

트위스터

트위스터(Twister)는 미국 드라마에서 자주 볼 수 있는 파티 게임의 하나입니다. 매트 하나만으로 여러 가지 동작을 연출할 수 있기 때문에 실

내 놀이 도구로도 활용도가 높습니다. 좁은 매트 위에서 쓰러지지 않으려고 엉켜 서게 되기 때문에 모둠 구성원들이 자연스럽게 서로 접촉할 수 있습니다. 또 역동적인 동작을 하면서 유연성과 집중력을 기를 수 있습니다. 이런 접촉은 모둠 친구들 사이의 마음을 열어주고 팀의 친밀감을 높여주는 데 효과 만점입니다!

□ 활용 방법

❶ 평평한 바닥에 트위스터 매트를 펼쳐 놓습니다.

❷ 게임에 참여하는 인원들은 매트 위에 섭니다. (보통 네 명까지 참여하는 것이 일반 적입니다.)

❸ 회전판을 돌릴 심판을 정합니다. (4인 1모둠인 경우, 1인은 심판, 3인은 참여자로 운영할 수 있습니다.)

❹ 심판은 회전판을 돌려 나온 결과를 외치고, 참여자들은 이에 따라 움직입니다. 예를 들어 "왼손을 빨간색에!"라고 심판이 외쳤다면 모두 가능한 한 빨리 자신의 왼손이 매트에 있는 빨간색 동그라미에 닿게 움직여야 합니다.

❺ 게임 중 무릎이나 발꿈치가 매트에 닿거나 넘어지면 탈락입니다.

❻ 더 이상 움직일 수 없어도 탈락입니다.

❼ 매트에 마지막까지 남은 사람(또는 팀)이 이기게 됩니다.

□ 달리쌤이 전하는 팁

❶ 실내화나 양말을 벗고 맨발로 하게 되면 미끄러지지 않아 좀 더 역동적인 동작을 할 수 있습니다.

❷ 모둠 내에서 운영할 수도 있고, 모둠 대표를 뽑아서 토너먼트로 운영할 수도 있습니다.

❸ 처음에는 회전판을 사용하지만 좀 더 흥미진진한 게임을 위해서 심판이 임의로 손과 동그라미의 색을 지정하여 외치는 방법으로 응용할 수 있습니다.

모둠 컵타 : 호흡을 맞추다

모둠 컵타

'모둠 컵타'는 모둠 구성원이 팀을 이뤄 음악에 맞춰 컵을 두드리며 리듬을 만드는 활동을 말합니다. 몇 해 전부터 학예회에서 빠지지 않고 등장하는 단골 게임이기도 합니다. 그만큼 쉽고 간단하며 학생들이 흥미를 느끼는 활동입니다. 책상과 컵, 음악만 있으면 학생들의 집중력,

암기력, 리듬감, 공동체 역량을 고루 발달시켜줄 수 있습니다. 컵타는 학급 전체보다 4인 1조의 작은 규모로 나누어 공연을 만드는 것이 협동심을 기르기에 좀 더 효과적입니다. 리듬 속에서 자연스럽게 하나가 되는 컵타의 매력을 경험해보세요!

□ 활용 방법

❶ 4인 1모둠으로 책상을 모아 앉습니다.

❷ 개인당 한 개 혹은 두 개씩 컵을 준비합니다.

❸ 기본 비트를 익힙니다. (유튜브에 많은 영상이 있습니다.)

❹ 미션 곡을 제시합니다.

❺ 학생들은 제한 시간에 맞춰 미션 곡에 어울리는 컵타 공연을 준비합니다.

❻ 모둠별로 완성된 공연을 공개합니다.

□ 달리쌤이 전하는 팁

❶ 음악은 길 필요가 없습니다. 공연을 목적으로 하는 활동이 아니기 때문에 팀의 협력을 위한다면 1분 정도의 음악이면 충분합니다.

❷ 신나는 곡보다는 잔잔한 노래에 비트를 맞추는 것이 더 쉽습니다. 또한 4/4박자와 12/8박자 중 4/4박의 노래들이 좀 더 안정적이고 적용하기 좋습니다.

❸ 추천하는 곡으로는 핑크퐁의 상어 가족, 안나 켄드릭(Anna Kendrick)의 〈When I'm gone〉, 제이슨 므라즈(Jason Mraz)의 〈I'm yours〉, 마룬 5(Maroon 5)의 〈Moves like jagger〉 등을 추천합니다. 물론 학생들이 원하는 곡이나 학급 반가 등을 이용해도 좋습니다.

휴지 미라 : 휴지로 친해지다

휴지 미라

'휴지 미라'는 두루마리 휴지를 이용하여 모둠 구성원 중 한 명을 미라로 만드는 팀 빌딩 게임입니다. 쉽게 찢을 수 있고 변형이 쉬운 휴지의 특성을 활용한 것입니다. 휴지가 풀리지 않게 잘 잡아주고 잘 붙여줘야 합니다. 또 미라가 되는 친구는 움직이지 않고 진짜 미라처럼 가만히

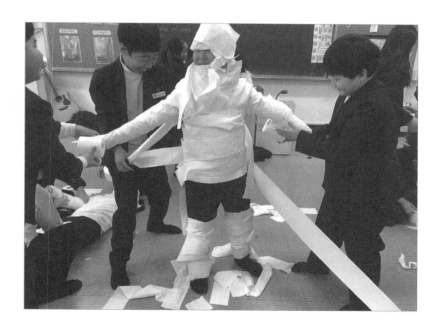

있어야 합니다. 친구의 몸에 휴지를 둘둘 말다 보면 나도 모르게 웃음이 나옵니다. 휴지를 감는 친구도, 휴지에 감기는 친구도 재미있게 참여할 수 있습니다. 다리부터 머리끝까지 돌돌 휴지를 감다 보면 어느새 모둠 친구들과 가까워지게 됩니다.

□ **활용 방법**

❶ 휴지를 준비합니다. (개인당 1롤)

❷ 모둠 구성원 중 미라가 될 학생을 선정합니다.

❸ 나머지 구성원들이 힘을 모아 미라의 몸에 휴지를 돌돌 감아줍니다. 머리카락이나 신체의 일부분이 보이지 않도록 꼼꼼하게 감아야 합니다.

❹ 완성된 미라들은 교실 앞으로 나옵니다.

❺ 미라 콘테스트 시간(미라처럼 움직이거나 흉내 내기)을 갖습니다.

❻ 신나는 음악과 함께 교실을 정리합니다.

□ **달리쌤이 전하는 팁**

❶ 휴지 미라 시작 전, 함께 정리한다는 것을 약속하고 시작합니다.

❷ 모둠 당 휴지는 2롤에서 3롤 정도면 충분합니다.

❸ 테이프를 이용하면 휴지를 좀 더 절약할 수 있습니다.

❹ 휴지 미라 게임이 끝난 뒤, 휴지를 눈처럼 던지는 '휴지 눈싸움'을 해보세요.

플라잉 휴지 : 휴지를 공중 부양시키다

플라잉 휴지

휴지 한 장만으로도 팀 빌딩 게임을 할 수 있습니다. 플라잉 휴지는 모둠끼리 입을 모아 화장지 조각을 공중으로 띄우는 팀 빌딩 게임입니다. 쉽게 불 수 있고, 찢을 수도 있는 휴지의 특성을 이용한 활동입니다. 입을 모아 휴지를 불다 보면 자연스럽게 마음이 모아지고, 어느 틈에 친구들과 가까워져 있을 것입니다.

□ 활용 방법

❶ 교실 내에 충분한 공간을 확보합니다. (장애물 없애기)

❷ 모둠별로 휴지 한 조각을 나누어 줍니다.

❸ 휴지를 더 얇거나 작게 조각냅니다. (겹을 나누거나 크기를 반으로 줄입니다.)

❹ 신호에 맞춰 네 명이 힘을 모아 입으로 불어 휴지를 공중으로 띄웁니다.

❺ 가장 오랜 시간 동안 날고 있는 '플라잉 휴지' 모둠을 찾습니다.

□ 달리쌤이 전하는 팁

❶ 서로를 격려하는 분위기 속에서 활동이 이루어져야 한다는 것을 게임 시작 전에 안내합니다.

❷ 교사가 먼저 시범을 보여주세요. 잘하지 못해도 괜찮다는 분위기를 조성해야 소극적인 친구들도 자신감을 가지고 참여하게 됩니다.

❸ 게임 시작 전 5분 정도 연습 시간을 주는 것이 좋습니다.

❹ 휴지의 두께가 얇을수록, 크기가 작을수록 체공시간이 길어져 더 재미있습니다.

4

협동학습, 교실을 깨우다

협동학습? 모둠학습 말하는 거 맞죠?

"협동학습이요? 같이 협동해서 공부하는 거 아닌가요?"
"협동학습이랑 모둠학습이랑 비슷한 거 아니에요?"

협동학습이라는 단어는 결코 신선하지 않습니다. 예전부터 많이 들어봤지요. 케이건(Kagan) 박사의 이론이 한국으로 넘어온 지도 꽤 오래됐고요. 그렇지만 협동학습을 제대로 실천하는 선생님을 찾기는 쉽지 않습니다. 오히려 '4인 1조로 모둠을 만들어놓고 서로 의견을 주고받으면 협동학습을 하고 있는 것이다.'라고 오해하고 있는 분들이 많습니다. 그러나 협동학습은 기존의 모둠학습과는 조금 다릅니다.

모둠학습에서는 다음과 같은 문제점들이 자주 발생합니다.

▶ 학습 과정에서 모둠 간 경쟁이 심하다.

▶ 소수의 학생들만 참여해서 모둠을 끌고 간다.

▶ 무임승차하는 학생들이 생겨난다.

▶ 굳이 협동하지 않아도 과제를 완성할 수 있어, 모둠 활동에 관심이 없다.

모둠학습에서는 모둠 구성원 전체가 협동을 하든, 하지 않든 과제를 완성할 수 있습니다. 굳이 협동하지 않아도 되는 것이죠. 반면 협동학습에서의 협동은 선택이 아니라 필수입니다. 협동을 해야만 과제를 완성할 수 있는 시스템입니다.

한국교육심리학회에서 발행한 교육심리학용어사전에서는 협동학습을 다음과 같이 정의했습니다.

협동학습(Cooperative Learning)
구성원이 4~6명인 소집단을 형성하여 구성원 사이에 사회적 상호작용을 하며 학습하게 하는 교수법이다. 학생들의 긍정적 상호의존 관계를 중시하고 집단 구성원 개개인의 책임을 강조하며 동시에 지식과 기술을 습득할 수 있다는 장점이 있는데, 진정한 협동학습이 가능하려면 과제가 협동적으로 구성되어야 하고, 평가 체제에서의 기회도 균등해야 하며 협동적 피드백 구조, 집단과정에 대한 배려들이 전제되어야 할 것이다.

– 한국교육심리학회, 『교육심리학 용어사전』, 학지사, 2000, 137쪽.

협동학습은 다른 학습 구조들과는 구별되는 몇 가지 특징을 가지고 있습니다. 모둠 구성원 모두가 평등한 관계를 유지한다는 점, 함께 해결해야 할 공동의 목표를 가진다는 점, 개인적 책임이 강조된다는 점, 긍정적인 상호의존 관계를 유지한다는 점 등입니다.

Fan-N-Pick, Quiz-Quiz-Trade, Sage-N-Scribe와 같은 협동학습 구조나 과제분담학습(Jigsaw), 집단조사(GI), 능력별 팀 학습(STAD)과 같은 모형을 그대로 따라 한다고 해서 협동학습이 이루어지는 것은 아닙니다. 협동학습의 기본 원리가 수업 속에 자연스럽게 녹아 있어야 합니다. 협동학습 전문가 이상우 선생님께서는 "협동학습을 통해 학생들의 인지구조에 질적인 변화가 나타났을 때 비로소 협동학습을 한 것"이라고 말씀하셨습니다. 인지구조의 질적인 변화라, 쉬운 길이 아니죠? 그렇다면 이렇게 쉽지 않은 협동학습을 왜 해야 할까요? 협동학습이 가진 장점은 과연 무엇일까요?

협동학습이 중요한 세 가지 이유

하나, 협업 역량을 키워준다.

협동학습에서는 두 사람 이상이 공동의 문제를 해결하기 위해 역할을 나눈 뒤, 서로 도움을 주고받습니다. 그 결과 구성원 모두가 함께 공동의 목표를 달성하게 되지요. 자연스럽게 협동하고 협업하면서 공동체의식, 협동의식이 길러집니다.

둘, 상호작용하며 배운다.

협동학습은 구성주의 철학에 뿌리를 둔 교수법입니다. 언어를 매개로 한 사회적 상호작용을 통해 지식을 습득하거나 인지발달이 이루어진다는 교육심리학자 비고츠키의 생각과 맥을 같이합니다. 그가 주장한 근접발달영역(ZPD)이라는 개념을 통해 알 수 있듯이 협동학습 속 학생들은 친구들이나 교사와 상호작용하며 의미를 구성해갑니다. 사회적 상호작용을 통해 새로운 것을 배우게 되는 것입니다.

셋, 장점이 너무나 많다.

한국협동학습연구회 대표 김현섭 소장님께서는 협동학습의 장점을 두 가지로 구분하여 제시하였습니다. 학생의 입장과 교사의 입장에서 모두 장점이 있습니다. 먼저 학생 입장에서 협동학습의 장점은 학습 흥미 유발, 학업 성취도 향상, 사회적 기술 훈련, 신체적 활동, 지적 모험, 소속감 형성, 숨은 재능 발굴의 기회를 제공해준다는 것입니다. 참 다양하지요? 교사 입장에서 느끼는 장점도 만만치 않습니다. 다양한 교수 학습 방법 제공, 수준별 수업 및 경쟁 학습의 대안, 다인수 학급에 적용 가능, 특별한 기자재가 필요하지 않음, 학생 참여로 인한 수업에 대한 자신감 신장까지. 두 마리 토끼를 모두 잡을 수 있는 것이 바로 협동학습입니다.

5

긍.개.동.동. : 협동학습의 네 가지 원리를 소개합니다

협동학습의 네 가지 기본 원리, 긍개동동

협동학습은 많은 장점을 가진 교수법이지만 제대로 실천하는 것은 쉽지 않습니다. 협동학습 연수를 받고 "와, 이거 진짜 대단한데. 방법도 쉬우면서 아이들도 좋아할 것 같네. 당장 다음 주부터 적용해봐야지." 라고 생각했던 전국의 많은 선생님들께서 실제로 실천해본 뒤 고배를 마셨다는 후일담이 있습니다. 생각했던 것보다 학생들의 협동 능력이 부족하거나 책임감이 없어서 쉽지 않았고, 교사가 만족감을 느꼈다는 후기는 많지 않습니다.

사실 그 후일담은 제 이야기이기도 합니다. 협동학습을 처음 만났을 때가 떠오르네요. 그때는 다양한 형태의 수업 기법이나 방법을 적용하는 것이 협동학습인 줄 알았습니다. 여러 가지 구조를 공부하고 교실에 적용하면 저절로 협동학습이 되는 줄 알았습니다. 그런데 분명 제대로 준비했는데도 잡음이 끊이지 않았습니다. 공동의 목표를 위해 노력할 줄 알았던 학생들이 시간마다 다퉜습니다. 해야 할 일을 하지 않고 책임을 회피하는 학생도 나타났습니다. 두 명은 열심히 하는데, 나머지 두 명은 잡담을 하고 집중하지 않기도 했습니다. 결과는 실패였죠. 그래서 우리 반에서는 안 된다고 생각했고, 다시 예전처럼 강의식 수업으로 돌아갔습니다.

2년쯤 지나서야 제가 껍데기만 알고 있었다는 것을 비로소 깨닫게 되었습니다. 케이건 박사는 협동학습을 이루는 기본적인 원리를 네 가지로 제시합니다. 전통적인 모둠학습과는 구별되는 협동학습만의 오리지널리티는 바로 여기에 있습니다.

P	I	E	S
Positive interdependence	Individual accountability	Equal participation	Simultaneous interaction
긍정적인 상호의존	개인적 책임	동등한 참여	동시다발적 상호작용

케이건이 제시한 협동학습의 네 가지 기본 원리

긍정적인 상호의존

"네가 잘 되는 것이 내가 잘 되는 길이다.
내가 잘 되는 것은 너와 나 우리 모두가 잘 되는 길이다."

협동학습의 기본 원리 중 가장 우선되는 원칙입니다. 긍정적 상호의존이란 '다른 사람의 성과가 나에게 도움을 주고, 나의 성과가 나와 너 우리 모두에게 도움을 준다.'라는 생각 아래 서로 의지하는 관계가 되는 것입니다. 구성원 한 명 한 명의 노력이 있어야만 모둠 모두가 성공할 수 있다고 느끼는 것이죠. 이런 생각은 서로의 관계를 유기적으로 엮어줍니다. 결국 서로가 서로에게 긍정적인 마음을 갖게 되고, '우리 모두의 성공'을 위해 상호의존하게 됩니다.

개인적 책임(개별적인 책무성)

"내 일은 내가 책임진다."

일반적인 모둠학습에서는 공동 작업을 전혀 하지 않고서 결과만 얻어가는 무임승차 학생이나 자신의 분량보다 많은 일을 하는 일벌레 학생이 생기기도 합니다. 모둠별로 과제를 해나가는 데 방해를 하거나 문제를 일으키는 방해꾼이 생기기도 하고요. 이런 학생들이 생기다 보면 학습 활동이 원활하게 진행되지 않고, 평가에 있어서도 공정하지 못하다는 비판을 받기도 하지요. 이런 단점을 보완하기 위해 협동학습에서는 구성원 간의 협동을 중요하게 여기는 것과 함께 개인적인 책임을 강조합니다.

개인적 책임을 강조하는 방법은 아주 간단합니다. 모둠 속에 자신을 감추지 못하게 하는 것이죠. 개인별로 구체적인 역할을 주고 여기에 대한 책임을 철저하게 묻는 것입니다. 예를 들자면 무임승차자나 방해꾼은 개인별로 감점을, 일벌레는 가산점을 주는 것이죠. 모둠 보상과 개인 보상을 동시에 운영하는 것이 개별적인 책무성을 높이기 위한 가장 간단한 방법입니다.

동등한 참여

"우리 모두가 다 같이 참여한다!"

동등한 참여란 모둠 구성원 모두가 동등한 기회와 자격을 가지고 활동에 참여해야 한다는 원리입니다. 일부가 독점하거나 배제되는 일이 없어야 합니다. 기존 모둠학습에서는 외향적이거나 발표력이 좋은 학생이 발언을 독점하게 됩니다. 내향적이거나 발표에 자신감이 없는 학생들은 자연히 학습에서 소외될 수밖에 없습니다. 그런데 가만히 생각해보면 늘 호명되거나 적극적으로 참여하려는 학생들은 알아서 잘 참여하고 있지 않나요? 오히려 소외된 학생들을 어떻게 참여시킬지에 대해 고민해야 하는 것 아닐까요?

누구나 학습에 참여할 수 있도록 동등하게 기회를 제공하고, 이에 따른 역할과 책임도 동등하게 나누자는 것이 협동학습의 세 번째 원리입니다.

동시다발적 상호작용

"우리 모두가 함께, 동시에, 여기저기에서 참여한다."

동시다발적 상호작용은 학습 활동이 동시다발적으로 여기저기에서 이루어져야 한다는 원리입니다. 순서대로 한 명씩 나와서 참여하는 순차적 구조의 단점을 보완한 아이디어죠. 예를 들어 학생 한 명이 1분씩 발표를 한다고 가정하면 24명 모두가 발표하기 위해서는 24분이 필요합니다. 그래서 보통은 모두를 시키지 않고 손을 올린 몇 명만 호명합니다. 이 방법을 사용하면 서너 명만 발표할 수 있으므로 자연스럽게 방관자와 참여자로 구분됩니다. 이런 순차적 구조에서는 동등한 참여가 이루어질 수 없습니다.

학생 한 명이 똑같이 1분씩 발표하는 활동을 동시다발적 구조로 바꿔보겠습니다. 4인 1조로 모둠 안에서 1분씩 돌아가며 이야기를 하는 것이죠. 몇 분이 필요할까요? 그렇습니다. 4분이면 됩니다. 24분이 4분으로 줄었지만 학생 모두가 동시에 발표하고 들을 수 있습니다. 모두가 함께, 동시에, 여기저기에서 참여하기 때문이죠.

구조는 수업 내용을 담는 그릇이다

이상우 선생님의 『협동학습으로 토의·토론 달인 되기』라는 책에는 협동적 학급 운영을 위한 열 가지 열쇠가 제시되어 있습니다. 그중 네 번째 열쇠는 학습 구조에 대한 이야기입니다.

수업 = 내용 + 구조 (내용=수업을 위한 재료, 구조=재료를 담는 그릇)

▶ 수업 : 학습내용과 학습 구조의 상호작용의 결과로 이루어진 일련의 활동

▶ 구조 : 학생과 학생 사이에 일어나는 상호작용 관계방식의 틀

▶ 목표 동기에 따른 구조의 분류 : 개별식 구조, 경쟁식 구조, 협동식 구조, 일제식 구조

▶ 케이건이 말하는 구조 : 협동학습 수업 기법들을 협동학습 구조라는 개념으로 이해하면 된다. 협동학습 구조를 분석해보면 구조를 이루는 3요소(혼자, 짝, 3인 이상의 그룹)가 유기적으로 결합되면서 '배움'이 효과적으로 일어날 수 있도록 조합되었다는 것을 알 수가 있다.

— 이상우, 『협동학습으로 토의·토론 달인 되기』, 시그마프레스, 2011, 65쪽.

구조를 그릇에 비유한 점이 매우 인상적입니다. 그릇은 그 나름의 용도가 있습니다. 라면을 먹을 때 사용하는 그릇과 볶음밥을 먹을 때 사용하는 그릇이 다른 것처럼 말이죠. 볶음밥 그릇에 라면을 부어버리면 어떻게 될까요? 엄마한테 혼납니다.

사용하는 목적과 시기에 알맞은 그릇을 사용해야 하는 것처럼 협동학습 구조 또한 내용에 맞는 것을 선택해야 합니다. "이 내용을 꼭 협동학습이라는 그릇에 담아야 하는가?", "협동학습에 담을 만한 내용인가?"와 같은 고민이 필요하다는 뜻입니다. 뿐만 아니라 그 구조가 가진 특성이 무엇인지도 생각해봐야 합니다. 그래야만 내실 있는 협동학습이 이루어질 수 있습니다.

처음 협동학습을 알게 되었을 때는 여러 가지 구조를 사용해보고 싶었습니다. 서른한 가지 맛 아이스크림 전문점에 갔을 때 모든 맛을 먹어보고 싶은 것처럼 말이죠. 이왕이면 다홍치마라고, 많이 해보는 게 좋다고 생각했습니다. 그런데 꽤 오랜 시간이 흐른 뒤에야 몇 가지 구조를 사용하느냐는 그다지 중요한 문제가 아니라는 것을 알게 되었습니다. 오히려 여러 개를 하다 보면 하나조차도 제대로 되지 않을 수 있습니다.

하나의 구조를 1년 동안 사용해보세요. 그 속에 협동학습의 네 가지 기본 원리인 '긍개동동'이 잘 담겨 있는지 확인해보고, 배워야 할 내용에 알맞은 구조인지 생각해보세요. 협동학습의 네 가지 기본 원리만 잘 다져져 있다면 어떤 구조를 사용해도 잘 될 수 있습니다. 명심하세요! 구조는 그릇이라는 사실을.

달리쌤이 추천하는 협동학습 서적

　협동학습은 단순한 교수법이 아닙니다. 이상우 선생님의 말씀처럼 학급 운영론에 가깝다고 생각합니다. 방법이나 기법을 적용한다는 생각만으로는 성공할 수 없기 때문이죠. 그 속에는 서로 협동하는 마음을 다지기 위한 모둠 세우기나 학급 세우기가 포함되어야 합니다. 경청하고, 존중하고, 합의하는 다 함께 잘 살기 위한 사회적 기술도 들어가야 합니다. 배우고 익히고 깨달아야 할 게 정말 많은 것이 바로 협동학습입니다.

　이 부분에서는 협동학습의 가장 핵심적인 부분만을 다루려 했습니다. 하지만 협동학습이 지향하는 바를 반에 반도 담지 못한 것 같습니다. 협동학습에 대해 더 알고 싶은 분들은 아래의 책들을 참고해보시면 좋을 것 같습니다.

협동학습에 대해 좀 더 깊이 있게 알고 싶다면!

『협동학습으로 토의 · 토론 달인 되기』

저자 : 이상우, 출판사 : 시그마프레스

협동학습에 대한 모든 것을 담고 있는 책이라 말해도 과언이 아닌 책입니다. 자타공인 협동학습 전문가인 이상우 선생님께서 집필하셨습니다. 협동학습의 철학적 기반뿐만 아니라 수업에 바로 적용할 수 있는 구체적인 팁까지 자세하게 기록되어 있습니다.

#협동학습, #이상우, #토의토론

『사회적 기술』

저자 : 김현섭, 출판사 : 한국협동학습센터

협동학습은 학생들의 사회적 기술 부족으로 실패하게 되는 경우가 많습니다. 수업을 잘 설계했어도 학생들 사이에서 문제가 발생하기 때문입니다. "다미가 제 이야기를 안 들어요.", "다른 모둠 친구들이 저희 조 작품을 보는 게 싫어요."와 같은 학생들의 이야기는 대한민국의 모든 교실 안에 있습니다. 이 책에는 학생들과 함께 다양하게 실천할 수 있는 사회적 기술들이 담겨 있습니다.

#협동학습, #김현섭, #한국협동학습연구회, #사회적 기술

『수업, 하나만 바꿔보자!』

저자 : 김대권, 출판사 : 즐거운학교

좋은 수업을 만드는 방법은 어쩌면 생각보다 간단할지도 모릅니다. Make just one change, 딱 하나만 바꿔보는 것이죠. '좋은 수업이란 학생과 교사가 존중과 신뢰를 바탕으로 진정한 교감을 나누며 삶을 긍정적으로 변화하도록 이끄는 수업이다.'라고 주장하시는 김대권 선생님의 책입니다. 미국 케이건 협동학습센터에서 배워 오신 풍부한 수업 사례가 담겨 있다는 점이 장점입니다.

#김대권, #협동학습, #수업하나만바꿔보자, #make just one change

[협동학습 아이디어 1]
배움 지도 : 배움을 연결하다

배움 지도

수학 수업을 매년 하고 있
지만 매 차시마다 난관에 봉착
하게 만드는 문제가 있습니다. 바로 개인별 수준차이입니다. 어디에 기
준을 맞춰야 할지 난감할 때가 많습니다. 잘하는 학생에게 맞춰야 하는
지, 조금 더딘 학생에게 맞춰야 하는지, 중간에 맞추는 방법이 제일 좋
을 것 같은데 어디가 중간인지. 중간이라고 생각하며 수업을 진행하면
왠지 상위권·하위권 학생들을 놓치고 있다는 생각이 들기도 합니다.

'배움 지도'라는 방법을 사용하면 상위권 학생들과 중하위권 학생들
을 동시에 관찰하고 지원할 수 있습니다. 배움 지도는 간단히 말해 서로
가르치며 배움의 관계를 기록하는 것입니다. 그런데 배움 지도는 '오개
념'이 확산될 수 있다는 단점을 가지고 있습니다. 만약 3급 정교사 목걸
이를 걸고 있는 학생이 자신도 잘 모르는 내용을 설명하며 다닌다면 어
떻게 될까요? 목걸이를 착용하기 전 확인 문제를 풀이+설명하는 과정
이 반드시 필요합니다. 이때 학생이 문제를 정확하게 이해했는지를 점
검해야 합니다. 미래교실네트워크 광주, 전남 오프라인 모임을 통해 알
게 된 활동입니다.

□ 활용 방법

❶ 먼저 이번 차시에 해당되는 수학책과 익힘책을 풀이합니다.

❷ 교과서 풀이가 끝나면 선생님이 출제한 확인 문제를 풉니다.

❸ 확인 문제를 해결한 경우, 3급 정교사 목걸이를 착용하고 칠판에 사진/이름 스티커를 붙입니다.

❹ 3급 정교사 목걸이를 획득한 학생들은 다음과 같은 자격을 갖습니다.

    – 친구들의 문제를 채점해주기

    – 문제풀이에 어려움을 겪는 학생을 도와주기

    – 문제를 출제하여 친구들과 서로 풀이하기

❺ 친구를 도와주었거나 친구의 문제를 풀이했을 경우, 사진/이름 스티커를 선으로 연결합니다.

❻ 도움을 받은 학생은 '어떤' 문제에 대한 도움을 '어떻게' 받았는지를 칠판에 기록합니다.

❼ 교사는 칠판에 기록된 내용을 통해 학생들이 어려워하는 부분을 파악합니다.

❽ 학생들이 어려워하는 부분이나 오개념이 있는 부분에 대해 다시 설명합니다. 교사가 설명할 수도 있고 3급 정교사 학생들이 설명할 수도 있습니다.

□ 달리쌤이 전하는 팁

❶ 교사들은 "상위권 학생이 하위권 학생을 잘 가르쳐주겠지." 하고 생각하는 경우가 많습니다. 그러나 자세히 들여다보면 그렇지 않은 경우가 많습니다. 실제로 하위권 학생들에게 도움을 주거나 시너지를 낼 수 있는 것은 중위권 이나 중하위권 학생들입니다. 상위권 학생들은 배움이 더딘 학생들이 막히는

부분을 이해하지 못합니다. 오히려 눈높이를 맞출 수 있는 것은 비슷하거나 조금 더 알고 있는 학생들입니다. 그래서 3급 정교사 자격을 5인 정도의 소수에게 부여하기보다는 여러 명에게 열어두는 것이 좋을 것 같습니다. 중위권 이하의 학생들도 충분한 능력이 있다는 것을 믿고 지지해주는 수업 경영이 필요합니다.

❷ 단순히 선으로 연결하는 것을 넘어 풀이 과정을 칠판에 글로 표현하거나 그림으로 표현한다면 좀 더 깊이 있는 수업을 만들 수 있습니다.

❸ 이 방법을 사용하더라도 하위 20% 학생들은 시간 내에 수학과 수학 익힘책을 해결하지 못할 때가 많습니다. 수업 후에 자율적으로 풀도록 독려하거나 가정과 연계하여 지도하는 노력이 필요합니다.

[협동학습 아이디어 2]
둘 가고 둘 남기 : 둘은 설명, 둘은 경청

둘 가고 둘 남기

둘 가고 둘 남기는 협동학습에서 유용하게 사용되는 방법입니다. 이 방법은 각 모둠별로 만들어낸 결과물을 다른 모둠의 정보와 서로 교환하는 것이 목적입니다. 정보를 모아 오기 위해 두 명은 다른 모둠을 향해 떠납니다. 나머지 두 명은 모둠에 남아서 자신의 모둠에 찾아온 다른

모둠 구성원들에게 공부한 내용을 설명하게 됩니다. 학생과 교사의 선택에 따라 정보를 모아 오는 활동에 초점을 맞출 수도 있고 설명의 기회를 제공하는 데 힘을 더 실을 수도 있습니다. 경우에 따라 '셋 가고 하나 남기'로 변형하여 활용할 수 있습니다.

□ 활용 방법

❶ 모둠 내에서 이동해야 할 사람과 남아야 할 사람을 정합니다.

❷ 두 사람은 모둠에 남고, 두 사람은 다른 모둠으로 정해진 규칙에 따라 이동하여 정보를 나누도록 합니다. 이때도 다음과 같은 지혜가 필요합니다.

– 남아 있는 학생들 : 맡은 역할 책임을 한 번씩 돌아가며 수행합니다. 예를

들자면 한 명이 설명할 때 다른 한 명은 자료를 배부하거나 듣는 태도를 평가합니다. 그런 뒤 다른 모둠원이 오면 역할을 바꿉니다.

- 이동하는 학생들의 경우 : 맡은 역할 책임을 한 번씩 돌아가며 수행합니다. 예를 들면 한 명은 설명을 들으며 메모하도록 하고, 다른 한 명은 설명을 들으면서 발표하는 태도를 평가합니다. 그런 뒤 다른 모둠으로 이동하게 되면 역할을 바꿉니다.

❸ 학생들은 ❷의 과정을 몇 차례 반복하며 이동합니다. (보통 발표 시간을 3분 정도로 제한하여 3회 운영할 경우, 40분 단위의 수업 공유에 적당합니다.)

❹ 이동하던 학생들이 다 돌아다닌 뒤, 본래 모둠으로 돌아와 남아 있는 학생들에게 그동안 들었던 정보를 설명해줍니다.

❺ 교사는 마무리 차원에서 학습 내용을 정리해주거나, 학생들의 발표 내용을 기록해두었다가 형성평가 문제를 출제합니다. (잘못된 정보가 학생들 사이에서 교류되어 오개념이 생성되는 것을 막기 위한 것입니다.)

□ 달리쌤이 전하는 팁

❶ 교사의 안내에 따라 이동, 순환하는 방법입니다. 그러므로 이동 신호가 필요합니다. 추천하는 방법은 박수 소리, 온라인 타이머, 종소리 등입니다.

❷ 다른 모둠에서 정보를 얻어 오는 학생들은 메모하고 정리할 수 있는 메모장을 사용하는 방법을 추천합니다. (여러 모둠을 순환하는 과정에서 정보가 뒤섞이는 것을 막기 위한 것입니다.)

❸ 역할을 나눠 이동하기 전, 반드시 자신의 모둠에서 학습한 내용을 서로 나누고 교류하는 시간이 필요합니다. (남아 있는 두 명이 모둠 전체의 결과물에 대해 설명

하기 때문에 사전에 공부할 수 있는 시간이 필요합니다.)

❹ 다른 모둠으로 이동해서 알아 와야 할 내용이 많거나 어려울 경우, 학습 능력
이 높은 학생을 보내는 것이 효율적인 게임을 할 수 있습니다.

❺ 각 모둠의 활동 상황(듣는 태도, 발표하는 태도 등)을 점검하기 위해 간단한 체크
리스트를 활용할 수 있습니다. (정보를 모아 오는 학생들은 상대방의 발표 태도에 대해
평가하고, 자신의 모둠에서 정보를 전달해주는 학생들은 상대방의 듣는 태도에 대해 평가합
니다.)

[협동학습 아이디어 3]
갤러리 워크 : 자유롭게 듣다

갤러리 워크

갤러리 워크는 미술관에서 영감을 얻어 실천하게 된 방법입니다. 미
술관에 가면 도슨트가 관객들에게 미술작품에 대한 설명을 해줍니다.
(도슨트가 충분할 경우 작품 구역별로 여러 명의 도슨트가 있기도 합니다. 충분하지 않을 때는
한 명의 도슨트가 처음부터 끝까지 안내합니다.)

일반적으로 관객들은 흥미로운 작품에는 오랜 시간을 머뭅니다. 반
면, 흥미롭지 않은 작품은 그냥 넘어가기도 합니다. 자신의 선택에 따라
주체적으로 이동하는 것입니다. 이를 '주체적 이동의 법칙(the law of two

feet)'이라고 합니다. 아무런 배울 것이 없고 도움을 줄 수도 없다면, 더 생산적인 장소로 이동할 수 있다는 규칙이죠.

갤러리 워크는 이 아이디어를 수업에 적용한 것입니다. 각 모둠에서 다양한 방식을 통하여 만들어낸 모둠 작품(전시물, 미술 작품, 발표자료, 글쓰기 결과, 모둠 과제물 등)을 모둠의 대표가 다른 모둠의 구성원들에게 설명합니다. 이때 도슨트(발표자)를 제외한 갤러리 워커(관람자)들은 다른 모둠의 작품을 감상하고 정보 및 지식을 습득하거나 평가하기, 질의하기 등의 활동을 하며 교실을 자유롭게 이동하게 됩니다.

□ 활용 방법

❶ 모둠별로 역할을 분담하고, 과제를 해결하여 결과물을 제작합니다. (글, 그림, 입체작품, 전시물, 발표물 등)

❷ 모둠별로 완성한 결과물을 교실 벽면, TV, 칠판 등에 자유롭게 부착합니다.

❸ 본격적인 발표에 들어가기 전, 각 모둠 안에서 발표 연습을 합니다. (돌아가며 한 번씩 해보기, 잘하는 사람을 모델로 삼아서 따라해보기, 발표를 듣고 부족한 점을 다듬어 주기 등)

❹ 발표 연습이 끝나면 도슨트(발표자), 갤러리 워커(관람자)로 역할을 나눕니다. 인원은 제한하지 않습니다. 한 명이 도슨트, 세 명이 갤러리 워커가 될 수도 있고, 두 명이 도슨트, 나머지 두 명이 갤러리 워커가 될 수도 있습니다.

❺ 교사가 갤러리 워크의 시작을 알립니다. 도슨트는 자기 앞에 온 다른 모둠의 갤러리 워커들에게 자기 모둠의 작품이나 결과물에 대해 설명합니다. 나머지 갤러리 워커들은 자유롭게 교실을 순회하며 다른 모둠의 결과물을 관람합니다.

❻ 이동의 순서는 정하지 않습니다. 자유롭게 이동하며 관람하는 분위기를 유지합니다.

❼ 도슨트와 갤러리 워커의 역할을 교체합니다. 이를 통해 각 모둠의 전원이 발표 활동에 골고루 참여할 수 있는 환경을 조성해줍니다. 그래야만 도슨트의 부담이 줄어듭니다.

□ 달리쌤이 전하는 팁

❶ 상당한 사회적 기술이 요구되는 활동입니다. 상대의 발표를 인정해주는 존중의 태도, 귀 기울여 들을 수 있는 경청 등의 수업 약속이 잘 지켜져야만 효과적으로 운영될 수 있습니다. 그러므로 준비되지 않은 상태에서 시도하지 말고 학습 구성원들이 어느 정도 협동학습에 익숙해졌을 때 실시해야 원활하게 이루어질 수 있습니다.

❷ 타 모둠원들은 발표하는 친구에게 적극적인 칭찬과 격려를 아끼지 않도록 당부할 필요가 있습니다. (발표하는 사람에 대한 배려와 공감, 더불어 격려하는 문화는 수업을 더 훈훈하게 만들어줍니다.)

❸ 모둠별 발표가 끝난 뒤 발표한 내용에 대해 미니 퀴즈를 만들어서 출제하고, 정답을 맞히면 학생들이 직접 만든 상장을 주거나 쿠폰, 스티커 등을 주는 형식으로 변형하여 운영할 수 있습니다.

❹ 단순한 훑어보기에 그치지 않기 위해서는 메모장에 기록하는 방법을 사용하는 것이 좋습니다. 또는 활동 시작 전에 "갤러리 워크 후 퀴즈 대회가 있습니다."라고 안내하면 좀 더 중요한 정보를 기억하고 이해하고자 집중하는 분위기를 조성할 수 있습니다.

❺ 인상적이었거나 마음에 드는 모둠의 결과물에 스티커를 붙이는 방식으로 운영할 경우 학생들이 좀 더 흥미롭게 참여하게 됩니다. (자기 모둠에 붙이지 않기, 공정한 기준을 함께 생각해본 뒤 이에 부합할 경우 붙여주기 등의 규칙을 정하는 과정도 필요합니다.)

[협동학습 아이디어 4]
두 개의 칭찬과 하나의 개선점!

Two stars and a wish

Two stars and a wish는 동료 평가에 효과적인 방법입니다. 칭찬해 주고 싶은 부분 두 가지(two stars), 보완했으면 하는 부분 한 가지(a wish)를 기록하여 친구에게 전달하는 것입니다(Greenstein, 2010). 일반적인 수업에서는 글쓰기나 그리기 활동 후 공유와 동료 평가의 시간을 갖게 됩니다. 학생들은 단순히 "글씨가 바르다.", "주제가 잘 드러났다."와 같이 추상적인 피드백만을 교환합니다. 하지만 이런 일반적 칭찬은 서로에게 칭찬으로 잘 와닿지 않기 마련입니다. 구체적인 칭찬 두 가지와 보완했으면 하는 점 한 가지를 적어주는 이 방법을 통해 자신의 결과물을 개선할 수 있는 진정한 피드백을 받아볼 수 있습니다.

이 기법을 수업 시간에 적용해보면, 학생들이 칭찬할 점은 잘 찾지만 보완할 점을 찾는 데 어려움을 느낄 때가 많습니다. 그만큼 비판적인 생각을 해보는 경험이 없었다는 것이 아닐까요? 비판적 사고력은 자신의 견해를 바탕으로 미흡한 부분을 찾아내는 사고과정입니다. 어쩌면 정말 중요한 것은 two stars보다 a wish일 수도 있습니다.

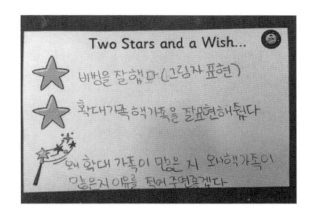

□ 활용 방법

❶ 교사는 Two stars and a wish 양식지를 나눠줍니다.

  (미리 안내하여 학생들이 직접 작성하여 사용하는 방법도 있습니다.)

❷ 학생들은 친구들의 작품을 관찰합니다.

❸ 친구들의 작품에서 칭찬할 점 두 가지와 보완했으면 하는 점 한 가지를 작성
  합니다.

❹ 완성된 활동지를 친구에게 전달합니다.

❺ 교사는 교실을 순회하며 학생들의 이야기를 바탕으로 형성평가할 수 있습니
  다. (교사도 한 명의 구성원으로 참여하여 평가할 수 있습니다.)

□ 달리쌤이 전하는 팁

❶ 글쓰기 수업의 '과정 중'에 유용하게 사용할 수 있습니다. 글쓰기가 다 끝나
  버리면 보완할 점을 반영할 수 없기 때문입니다. 글쓰기 중 이 방법을 활용
  하여 보완할 점을 함께 이야기한 뒤 다시 글쓰기에 들어간다면 자신의 작품

을 개선할 수 있는 실마리를 얻을 수 있습니다.

❷ 비판적 사고력은 앞으로의 시대에 반드시 갖춰야 할 역량입니다. 단, 합당한 비판이어야 합니다. 그리고 단순히 부족한 점을 비판하는 것에 그치는 것이 아니라 부족한 점을 개선할 수 있는 조언까지 함께 작성하게 하면 긍정적인 시너지를 발휘할 수 있을 것입니다.

❸ two stars와 a wish는 하나의 예에 불과합니다. 수업 내용에 맞추어 칭찬할 점과 보완할 점의 개수를 조절할 수 있습니다.

❹ 칭찬할 점과 보완할 점에 대한 내용이 수업의 본질적인 내용과 멀어지는 일이 생기기도 합니다. 예를 들어 환경 보호에 대한 글을 쓰거나 그림을 그렸는데 "글씨를 반듯하게 썼다."라든지 "색을 꼼꼼하게 잘 칠했다." 등의 피드백을 적기도 합니다. (우리 학급에서만 있는 일은 아니겠죠?) 이와 같은 경우를 예방하기 위해 평가 기준을 함께 생각해본 뒤, 그에 맞추어 진행하는 것이 좋습니다.

[협동학습 아이디어 5]
내 답은 어디에? : 짝을 맞춰 답을 찾다

내 답은 어디에?

'내 답은 어디에?'는 질문카드에 대한 응답카드를 찾아 짝을 맞추는 협동학습 방법입니다. 질문이 적힌 카드를 가진 학생들과 응답이 적힌 카드를 가진 학생들로 나누어 서로 묻고 답하며 자신의 짝을 찾습니다. 알맞은 짝을 한 번에 찾기는 어렵습니다. 반복해서 물으며 질문에 알맞은 답을 찾아갑니다. 이 기법을 사용할 때 반드시 염두에 두어야 할 것은 질문과 그 질문에 대한 답이 명확해야 한다는 것입니다. 그렇지 않으면 활동 전체가 혼란에 빠질 수 있습니다.

응답카드는 교과서 뒤편에 붙임 자료로 제공되는 경우가 많습니다. 수업 내용에 맞추어 직접 제작하는 것이 좋지만, 선생님도 편해야 하는 법! 교과서 자료를 적극적으로 사용하는 방법도 추천합니다.

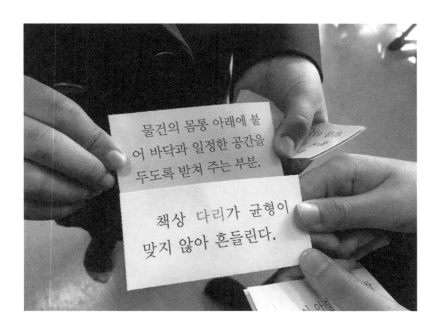

□ 활용 방법

❶ 교사는 두 세트의 카드를 준비합니다. 한 세트에는 수업 내용과 관련된 질문
이 적혀 있고 나머지 한 세트에는 그 질문에 대한 응답이 적혀 있습니다.

❷ 학생들에게 카드 세트를 나눠줍니다. (질문카드를 가진 학생들은 응답카드를 가질 수
없습니다.)

❸ 모든 학생은 자신이 가지고 있는 카드와 알맞는 짝이 되는 카드를 찾습니다.

❹ 교사는 학생들이 짝을 찾아가는 과정을 관찰하며 이해도를 파악하고 특이사
항을 기록해둡니다.

❺ 학생들이 짝을 찾아가는 과정에서 겪었던 어려움, 내용을 전체와 공유하고
토의합니다.

□ 달리쌤이 전하는 팁

❶ 질문과 그 질문에 대한 응답이 명확한 경우에 사용해야 합니다. (복수 정답이 인
정되면 혼란이 생길 수 있습니다.)

❷ 이 책에 안내된 '도너츠'의 자리 구성을 이용하여 활용할 수 있습니다. (질문
카드를 가진 학생들이 바깥 원에, 응답카드를 가진 학생들이 안쪽 원에 앉는 방법)

❸ 질문카드를 가진 학생이 자리에서 일어나 질문을 읽고, 이 질문에 대한 답을
가진 학생이 달려 나와 하이파이브를 하는 식으로도 진행할 수 있습니다.

❹ 이런 수업에서 사용하면 좋습니다.

– 국어 : 한 낱말이 여러 가지 뜻으로 사용되는 경우 (낱말 뜻 찾기)

– 수학 : 다각형의 성질 찾기 (질문카드와 응답카드의 수량이 일치해야 함)

– 사회 : 역사적 인물에 알맞은 설명 찾기

[협동학습 아이디어 6]

모둠 칠판 : 기록하고 공유하다

모둠 칠판

모둠 칠판은 학습 과정에서 모든 구성원이 참여할 수 있게 도와주는 효과적인 학습도구이자 평가도구입니다. 물론 네 명의 모둠 구성원 중 두 명 정도만 참여해서 작성하는 경우도 많습니다. 하지만 생각을 모으는 합의의 절차 아래 모둠 칠판을 사용한다면 충분한 효과를 볼 수 있습니다. 특히, 학습 내용에 대한 학생들의 이해도를 즉각적으로 파악할 수

있게 해준다는 점에서 형성평가 도구로서 매우 유용하고, 간편합니다.

사진처럼 네 구역으로 구분해서 작성한다면 모둠 구성원 모두가 동등하게 참여할 수 있습니다. 또한 보석맵, 서클맵 등 씽킹맵을 모둠 칠판에 그리며 활동하는 방법도 좋습니다. 개인별로 노트에 기록하는 것보다 훨씬 책임감을 느끼며 참여하게 됩니다.

현장의 선생님들은 돌돌 말아서 보관하는 고무자석 화이트보드, 칠판에 부착할 수 있는 자석 화이트보드, 네 개의 구역으로 구분된 직소칠판, 코팅된 장판을 사용하는 장판 칠판 등을 많이 사용합니다. 4인 1조의 모둠 구성원이 충분히 필기할 수 있으려면 45cm × 35cm 이상의 크기가 좋습니다. 물론 보드 마카와 보드 마카 지우개는 '신상'이 가장 좋겠지요?

□ 활용 방법

❶ 교사는 학습 내용과 관련된 질문을 던집니다.

❷ 학생들은 모둠별 토의의 과정을 거쳐 합의된 내용을 모둠 칠판에 기록합니다.

❸ 기록한 모둠 칠판을 들고 설명하거나, 칠판에 부착하여 학급 전체 학생들과 공유합니다.

❹ 모둠 칠판을 통해 학생들의 이해도를 확인한 뒤 피드백을 주거나 그 내용을 수업에 반영하여 진행합니다.

□ 달리쌤이 전하는 팁

❶ 몇 년 전만 해도 골든벨 퀴즈가 수업장학에서 빈번하게 사용되었습니다. 교

사의 질문에 해당하는 단답형 정답을 기술하는 형식으로 초, 중, 고를 막론하고 굉장한 인기를 끌었습니다. 하지만 하나의 정답만을 찾아내는 구조화된 문제에서 다양한 해결책을 도출할 수 있는 비구조화된 문제로 패러다임이 변화함에 따라 최근에는 골든벨용 화이트보드의 인기가 많이 줄어들었습니다. 그러면서 학습교구로 인기를 끌게 된 것이 칠판에 부착할 수 있는 모둠 칠판입니다.

❷ 노크식(똑딱이) 보드 마카가 뚜껑 분실의 염려가 없어 편리합니다.

❸ 보드 마카는 개별적으로 학기 초에 구입하는 것이 좋습니다. 모둠용으로 사용할 경우 금방 잃어버리거나 망가지기 때문입니다.

> [협동학습 아이디어 7]
> ## 정답을 아는 사람, 누구일까?

누구일까?

'누구일까?'는 잘 알려진 형성평가 방법인 'Find someone who'를 응용한 것입니다.(Dodge, 2009) 배움 주제와 관련된 내용을 설명할 수 있거나 어떤 정보를 알고 있는 친구를 찾으며 교실 내에서 이동하며 활동하는 방법입니다. 배경지식을 활성화하거나 배운 내용을 복습할 때 효과적입니다.

아이스브레이킹의 목적이나 경험 나누기 등의 가벼운 분위기를 원하는 경우, 질문을 묻고 답하며 친구의 이름을 적는 활동으로 간단하게 디자인할 수 있습니다.

배움 주제와 관련된 내용을 설명할 수 있는 친구를 찾는 방법으로도 응용하여 사용할 수 있습니다. 예를 들어, '저출산 고령화의 이유를 설명해줄 친구는?'이라는 질문을 칸에 적고, 친구들의 설명을 들으며 상호작용하는 과정을 거친 뒤, 친구의 이름을 해당 칸에 기록하는 것입니다.

□ 활용 방법
❶ '누구일까?' 활동지(학생들을 위한 질문이 담긴)를 제작합니다.

❷ '누구일까?' 활동지를 나눠주며, 유의사항을 안내합니다.

❸ 학생들은 활동지에 적힌 질문에 해당하는 친구를 찾아 교실을 돌아다닙니다.

❹ 친구들과 함께 질문을 묻고 답하며, 빈 칸에 이름을 기록합니다. (주의 : 친구의 이름은 한 칸에 한 명만 쓸 수 있습니다.)

❺ 교사는 학생들의 이야기를 들으며 그들의 경험이나 이해도를 파악합니다.

❻ (학급 구성원들의 이름으로 채워진) 활동지를 다음 활동과 연결하여 수업을 진행합니다. (예 : 빙고)

□ 달리쌤이 전하는 팁

❶ 한 칸에 한 명의 이름만 기록해야 한다는 것을 사전에 안내합니다. 시범을 통해 직접 눈으로 확인할 수 있도록 보여주는 것이 좋습니다.

❷ 학생들이 활동할 때는 선생님도 함께 참여해주세요. 어떤 이야기들이 오고가는지 잘 들어야만 학습 내용에 대한 이해 수준을 확인할 수 있습니다.

❸ 학생들이 서로 교류할 수 있는 시간을 충분히 주는 것이 중요합니다. 이 활동의 큰 장점 두 가지는 자신의 생각을 이야기할 수 있는 기회, 상대의 이야기를 1:1로 경청할 수 있는 기회를 제공해준다는 것입니다. 활발하게 상호작용할 수 있는 환경을 마련해줄 수 있는 시간과 마음의 여유가 필요합니다.

❹ 수학 교과에도 적용할 수 있습니다. 학생들이 출제한 수학문제로 활동지의 해당 칸을 채운 뒤, 친구들끼리 교류하며 문제를 해결한 친구의 이름을 기록하는 것입니다.

❺ 아이스브레이킹의 목적으로 사용할 때는 좋아하는 음식, 좋아하는 캐릭터, 좋아하는 색깔 등의 단순한 질문으로 활동지를 구성할 수 있습니다.

4부

비판적 사고력의 세 가지 키워드
: 토론, 질문, 평가

1

토론 수업, 누구나 할 수 있다

세계는 지금 비판적 사고력에 집중하고 있다

교육선진국이라고 불리는 핀란드, 스웨덴, 영국, 미국과 같은 나라에서는 비판적 사고력을 기르는 것을 교육의 핵심 목표로 내세우고 있습니다. 영국의 최고 명문 옥스퍼드나 케임브리지 대학에서는 비판적 사고력을 함양하기 위한 1:1 튜토리얼(tutorial) 강의가 인기를 끌고 있다고 합니다. 대입 학력고사라고 부를 수 있는 A레벨 시험에는 비판적 사고력이 과목으로까지 존재한다고 하니, 얼마나 중요하게 생각하는지 가늠해볼 수 있겠죠?

미국도 영국 못지않습니다. 학교가 아니라 가정에서부터 비판적 사고력을 기르기 위한 노력을 하고 있습니다. 질문을 많이 하도록 끊임없이 독려하는 것이죠. "마이크, 오늘은 어떤 질문을 했니?", "질문을 몇 번이나 했는데?", "친구들이 했던 질문 중에 인상적이었던 것은 어떤 것이었니?"와 같이 말이죠. 가정뿐만 아니라 여러 교육기관에서도 비판적 사고력에 집중하고 있습니다. 실제로 1995년 캘리포니아 내 68개 대학을 조사한 결과 89%가 교육의 핵심은 비판적 사고력 기르기라고 대답했다고 합니다. 미국의 대표적인 교육평가기관 ACT가 실시하는 CAAP(대학학력평가시험)에도 영국처럼 비판적 사고력이 별도 과목으로 포함되어 있다고 합니다.

하브루타 교육의 선봉에 서 있는 전성수 작가는 『최고의 공부법』에서 비판적 사고력에 대해 다음과 같이 말합니다.

비판적인 사고력이 있으면 정보를 능숙하게 파악하고 그 정보가 어느 정도 중요한지를 알 수 있게 된다. 정보의 진정한 가치를 판단할 수 있게 된다. 맥락에 따라서 정보는 아주 중요한 것일 수도 있고 전혀 쓸모없는 것일 수도 있다. 따라서 정보를 얻게 되었을 때 이러한 구분을 정확하게 할 수 있어야 한다. 비판적으로 생각하는 능력은 새로운 발견과 진보를 이뤄내는 데 있어 매우 중요한 역할을 담당한다. 그 능력은 정보를 발견한 사람으로 하여금 특정한 사실이 진실인지 아닌지를 알아낼 수 있도록 도와준다. 이론을 검증할 때 사용하는 방법을 통해 진실임이 밝혀지거나 실험 및 검증 절차를 통해 터무니없는 것으로 밝혀질 수도 있다.

비판적인 사고 능력을 충분히 습득하지 않으면 어떤 하나의 정보가 다른 정보들과 잘 들어맞는지를 파악할 수 없게 되고, 그 정보 또한 제한

적으로 받아들이게 되어 결국 그 정보는 무의미한 것이 되고 만다.

— 전성수, 『최고의 공부법』, 경향BP, 2014, 180쪽.

전통적인 강의식 수업만으로 비판적 사고력을 기르는 것에는 한계가 있습니다. 비판적으로 생각하는 힘을 길러주기 위한 수업으로 전환해야 합니다. 그것이 바로 토론 수업입니다. 하나의 주제에 대해 깊이 있게 생각하는 연습에는 토론만 한 게 없습니다. 주장을 하고 그에 걸맞은 논거를 찾아가는 과정에서 정보의 가치를 찾을수 있게 되지요. 물론 이 과정에서 상대방의 이야기를 경청하고 상대를 존중하는 마음을 가지게 되는 것은 덤입니다.

토론 수업, 과연 무엇이 좋을까?

2015 개정 교육과정은 교과를 통해 자기관리 역량, 지식정보처리 역량, 창의적 사고 역량, 심미적 감성 역량, 의사소통 역량, 공동체 역량 등 여섯 가지 역량을 신장하는 것에 집중하고 있습니다. 학교 현장에서는 그 방법으로 토론 수업을 도입하고 있고요.

논리적인 근거를 들어 상대방을 설득하는 토론 수업은 과연 어떤 장점을 가지고 있을까요?

토론 전문가로 유명한 성토마스대학교의 S. D. 브룩필드 교수는 저서 『토론: 수업을 위한 도구와 기법』에서 토론 수업의 장점을 이렇게 말했습니다.

하나, 다양한 관점을 탐색하도록 도와준다.

둘, 애매성이나 복잡성에 대한 인식과 관용을 증진시켜준다.

셋, 학생들이 각자 가정하고 있는 점을 인지하고 탐구하도록 도와준다.

넷, 존중하는 마음으로 경청하도록 장려한다.

다섯, 해소되지 않은 차이점들을 새롭게 이해하도록 한다.

여섯, 지적 민첩성을 증진시켜준다.

일곱, 아이디어와 의미를 분명하게 전달하는 능력을 발달시켜준다.

토론 수업을 실천하는 교사들은 토론 수업의 장점을 이렇게 말했습니다.

하나, 토론 수업은 교사의 강의식 수업이 아닌 학생들이 주도적으로 배우는 학생 중심 수업이다.

둘, 토론을 준비하고 실천하는 과정에서 학생들의 교과 내용에 대한 이해가 깊어진다.

셋, 다른 사람의 주장과 근거를 평가하는 과정에서 비판적 사고력이 길러진다.

넷, 다른 사람의 이야기에 귀를 기울이는 경청 능력이 신장된다.

다섯, 서로 다른 의견을 합의하고 조율해가는 과정을 통해 민주적 의식이 길러진다.

여섯, 공동체 의식이 길러진다.

일곱, 학생들의 사고력이 확장된다.

우리 반 학생들은 토론 수업의 장점을 이렇게 말했습니다.

하나, 발표할 수 있는 자신감을 길러준다.

둘, 친구들의 다양한 생각을 들어볼 수 있다.

셋, 내 생각을 여러 가지 근거를 들어 설명하는 연습이 된다.

넷, 다른 사람의 의견을 존중하는 연습을 할 수 있다.

다섯, 토론 수업을 할수록 더 똑똑해지는 것 같다.

2
맛있는 토론 수업을 만들어줄 네 가지 비법

교사는 학생들의 토론이 효과적으로 진행되도록 도와주는 촉진자 (facilitator)가 되어야 합니다. 원활한 대화가 이루어지도록 도와주고, 생각할 수 있는 질문을 던져주어야 하는 것이죠. 그렇다면 어떻게 도와줘야 할까요? 미국 콜로라도 주의 교사 맷 스미스는 「효과적인 토론 수업의 비밀 배우기(Learning the Secrets of good class discussions)」라는 글에서 맛있는 토론 수업을 만들어줄 세 가지 비밀을 소개했습니다. 여기에 제가 좋아하는 실용 논증법의 달인, 스티브 툴민의 6단 논법을 더한 네 가지 비법을 소개합니다.

하나, 질문하고 나서 3초를 기다린다.
방금 들은 질문에 대해 막히지 않고 말하는 것은 정말 어려운 일입니다. 선생님이라도 결코 쉽지 않습니다. 생각할 수 있는 여유가 필요합니다. 질문을 던진 뒤 마음속으로 셋을 세보세요. 3초간의 생각할 시간은 양질의 답을 하기 위한 준비 시간입니다.

둘, 황희정승이 되자.

황희정승의 일화를 아시죠? 누가 잘못했는지를 판가름해달라는 하인들에게 "네 말이 옳다.", "그래 네 말도 맞다."로 응대했다는 유명한 이야기 말입니다. 토론 수업의 교사는 중립적으로 대답해야 합니다. 예를 들어 어떤 학생이 정답을 말했다고 해서 곧바로 "맞았어.", "정답이네."라는 피드백을 주어서는 안 됩니다. 무의식적으로 던진 긍정적인 피드백으로 다른 학생들이 의견을 말할 기회를 빼앗는 결과를 가져올수 있습니다. "아~ 그랬구나.", "오케이, 좋은 생각인 것 같은데?"와 같은 중립적인 입장을 유지하세요. 네 말도 맞고, 네 말도 옳다고 말했던 황희정승처럼 말이죠. 학생들이 판단할 수 있는 여지를 남겨둡시다.

셋, 듣기만 하자.

토론 수업에서 자주 일어나는 문제가 있습니다. 바로 말 끊기와 끼어들기입니다. 다들 자기 이야기를 하고 싶어서 입이 간질간질하죠. 원활한 토론 수업이 이루어지기 위해서는 일단 들어야 합니다. 제한시간을 주고 찬성 측만 이야기하게 하세요. 이때 반대 측은 입을 열 수 없습니다. 무조건 들어야 합니다. 내 차례가 왔을 때에만 말을 할 수 있습니다. 정치인들이 등장하는 토론회 보셨죠? 제가 추천하는 방법은 '1분 들어주기 연습'입니다. 입을 열고 싶어도 꾹 참고 1분 동안 가만히 듣는 것을 연습합니다. 오늘 바로 실천해보세요!

넷, 스티븐 툴민의 6단 논법

스티븐 에델스턴 툴민(Stephen Edelston Toulmin)은 영국의 철학자이자 교육자입니다. 실용 논증법을 개발한 사람으로 유명합니다. 그는 케임브리지 대학 학위 논문 『논술의 활용』에서 6단 논법이라는 방법을 소개했습니다.

6단 논법은 '생각하는 방법'입니다. 간단히 말해 사고(思考)를 도와주는 틀이죠. 6단 논법을 사용해서 말하는 것은 구술입니다. 이것을 글로 옮기면 논술이 되고요. 6단 논법은 '안건 – 결론(주장) – 이유 – 설명 – 반론 꺾기 – (예외)정리'의 순서로 이루어집니다.

스티븐 툴민의 6단 논법을 적용한 토론 방법

1단계, 안건: 찬성과 반대가 서로 맞설 수 있는 안건을 정합니다. 2단계, 결론(주장): 안건에 대한 자신의 결론(주장)을 찬·반 한쪽으로 결정합니다. 3단계, 이유: '결론'에 대한 '이유'를 말한다. 여기서 말하는 이유는 안건과 관계가 있어야 합니다. 여러 가지를 포함하는 '큰 생각'을 말하는 것이죠. 4단계, 설명: '이유'에 대해 설명하는 것입니다. 설명은 '이유'보다 구체적이어야 합니다. 설득력 있는 예를 들거나 이유가 옳다는 것을 설명하면 됩니다. 이유가 옳은지 그른지에 대해 다시 한번 생각하는 제2의 '왜?'를 묻는 과정이 '설명'입니다. 5단계, 반론 꺾기: 상대방의 의견에 반론을 제기하거나 '예상 반론'을 하는 것입니다. 상대방이 제시한 이유에서 잘못된 점이나 문제점을 지적하는 것이죠. 6단계, (예외)정리: 세상의 모든 일에는 예외가 존재합니다. 그 예외를 말하면서 자신의 주장을 확실히 하는 단계입니다. 또한 앞에서 펼친 자신의 주장을 다시 요약, 정리합니다.

토론 6단 논법	내 생각	친구 생각
	찬성/반대 (자신의 생각에 동그라미를 하세요.)	찬성/반대 (자신의 생각에 동그라미를 하세요.)
안건		
결론(주장)	그렇게 생각한다.	
이유	그 이유는 무엇인가요?	
설명	이유가 옳다는 설명을 해보세요.	
반론 꺾기	상대편 생각의 잘못된 점을 밝혀서 반박해보세요.	
(예외) 정리	내가 밝힌 이유와 설명에도 예외가 있을 수 있어요.	

초등학교 고학년 수준에서는 6단 논법을 사용하며 이야기하는 것이 좋습니다. 학생들의 논증 능력을 향상시키는 데 도움이 되기 때문입니다. 저학년이나 중학년 학생들에게는 6단 논법을 쉽게 변형하여 적용하는 방법을 추천합니다. 툴민의 6단 논법을 변형한 말하기 틀을 이용한다면 저학년에서부터 논리적으로 말하는 습관을 길러줄 수 있습니다.

주장과 근거를 논리적으로 말하는 방법

"나는 ○○○이라고 생각한다. 왜냐하면 ○○○이기 때문이다. 예를 들어 ○○○이 있다."

대부분의 초등학생은 자신의 의견을 말할 때 "좋아." 또는 "싫어.", "이거 하자."와 같은 주장 위주의 말을 주고받습니다. 이유를 말하는 경우는 흔하지 않습니다. 이유에 대한 설명이 부족하거나 근거가 충분하지 않은 대화는 상대방에게 오해를 살 수도 있습니다. 상대의 생각, 의도를 잘 나타내지 못할 수 있기 때문이죠.

툴민의 논리적으로 말하는 방법을 학생들과 함께 연습해보세요. 학생들도 점차 자신의 의사를 명확하게 전달하며 활기차게 토론 수업에 참여할 수 있을 것입니다. 논증 능력은 단기간에 가질 수 있는 것이 아니므로 연습과 훈련이 필요하다는 것을 기억해야 합니다.

[토론 수업 아이디어 1]

두 마음 토론 : 판결사를 설득하다

두 마음 토론

학급 전체 학생을 찬성과 반대로 나누어 진행하는 토론 수업을 하다 보면 실제로 몇몇 학생들에게만 주도권이 돌아가는 경우가 많습니다. 소수가 발언의 기회를 독점하게 되면 나머지 학생들의 참여는 줄어들기 마련입니다. 이런 단점을 보완할 수 있는 것이 바로 두 마음 토론입니다.

모둠 구성원을 3~4명으로 구성하여 토론에 모두가 적극적으로 참여할 수 있습니다. 또한 비격식 토론으로서 게임의 형식을 띠기 때문에 토론의 경험이 없는 학생들도 재미를 느끼며 토론에 익숙해지는 기회를 가질 수 있습니다.

이상우 선생님의 『협동학습으로 토의 · 토론 달인 되기』라는 책의 내용을 참고하여 작성했습니다.

□ 활용 방법

❶ 학생들에게 찬성과 반대로 나누어 토론할 수 있는 주제를 제시합니다.

❷ 자신의 입장을 정한 뒤, 역할을 나눕니다.

3인 기준

1번	찬성 토론자	찬성하는 입장에서 토의 · 토론 활동에 참여합니다.
2번	반대 토론자	반대하는 입장에서 토의 · 토론 활동에 참여합니다.
3번	판결사	양측의 주장과 근거를 들어보고, 찬성과 반대 측의 입장 중 하나를 선택하여 그렇게 판정한 이유를 설명합니다.

4인 기준

1번	찬성 토론자	찬성하는 입장에서 토의 · 토론 활동에 참여합니다.
2번	반대 토론자	반대하는 입장에서 토의 · 토론 활동에 참여합니다.
3번	판결사	양측의 주장과 근거를 들어보고, 찬성과 반대 측의 입장 중 하나를 선택하여 그렇게 판정한 이유를 설명합니다.
4번	관찰자	모둠에서 이루어진 토론 활동을 지켜본 결과 및 소감을 학급 전체 앞에서 발표합니다.

※ 4인 1 모둠일 경우, 판결사를 두 명이 맡는 방법도 가능합니다.

❸ 토론 시작 전 개인별로 자신의 입장에 대한 근거를 정리합니다.

❹ 모둠의 자리 배치를 T자로 준비합니다. 찬성 측과 반대 측은 서로 마주 봐야 합니다. 판결사(관찰자)는 양측을 모두 바라볼 수 있는 중간 위치에 자리합니다.

❺ 활동 규칙을 안내합니다.

- 규칙 1 : 3인 1조 모둠별 토론 후 판결사의 승리 판정을 받아내는 쪽이 승리 합니다.

- 규칙 2 : 판결사가 바라보는 사람만 발언할 수 있습니다. (판결사가 바라보지 않으면 이야기를 하던 토론자는 즉시 이야기를 멈추어야 합니다.)

- 규칙 3 : 토론자끼리는 대화할 수 없습니다.

- 규칙 4 : 판결사는 토론자에게 질문할 수 있지만 토론자는 판결사에게 질 문할 수 없습니다. 하지만 토론 중에는 판결사의 개입을 되도록 자제하는 것이 좋습니다.

- 규칙 5 : 1회에 한해 판결사의 어깨를 두드리거나, 손을 잡아 고개를 돌리 게 하여 자신의 생각을 말할 수 있습니다.

- 규칙 6 : 정해진 시간을 지켜가며 발언해야 합니다.

- 규칙 7 : 판결사는 자신의 입장을 반영하여 판결을 내리는 것이 아니라 토 론자의 이야기만을 바탕으로 판결을 내려야 합니다.

❻ 교사의 시작 신호에 따라 규칙과 시간을 지켜가며 토론합니다. 토론의 시간 운영은 다음과 같습니다. (10분 기준)

1차 토론(찬성 측 1분, 반대 측 1분)
↓
근거 보충 작전 회의(3분)
↓
2차 토론(찬성 측 1분, 반대 측 1분)
↓
토론 정리(1분)
↓
판결사 의견 조율(판결사가 두 명일 경우) 및 판결(2분)

❼ 판결사는 찬성 측, 반대 측 중 한쪽을 선택하여 손이나 색깔 카드를 들어줍니다. 색깔 카드를 이용한다면 학급 전체의 토론 상황을 한눈에 파악할 수 있는 장점이 있습니다.

❽ 판결사(관찰자)의 판결 이유를 들어보는 시간을 갖습니다. 판결사, 관찰자는 모둠 내 토론 과정 및 판정 결과, 판정을 지켜본 자신의 소감 등을 학급 전체에게 발표합니다.

□ 달리쌤이 전하는 팁

❶ 모든 토론에서는 어떤 주제를 선정하느냐가 가장 중요합니다. 너무 막연하거나 학생들의 삶과 거리가 먼 주제는 흥미를 유발하기 어렵습니다.

❷ 두 마음 토론은 본격적인 토론을 시작하기 전, 사전 지식이나 입장에 대한 근거가 준비되어 있어야 효과적으로 운영될 수 있습니다. 그러므로 수업 전 미리 토론 주제에 대한 정보를 제공하여 자신의 근거를 준비해 오거나 배경지식을 쌓는 과정이 필요합니다.

모서리 토론 : 모서리에 모여 근거를 다지다

모서리 토론

모서리 토론은 하나의 주제에 대해 다른 생각들을 논의해보는 토론 방법입니다. 비슷한 생각을 가지고 있는 학생들이 같은 모서리에 모여 자신들의 근거를 강화시킬 수 있습니다. 서로의 생각이 다를 수 있다는 것을 경험하는 데 효과적입니다. 또한 합리적으로 의사 결정을 할 수 있게 도와줍니다.

대한민국의 교실은 대부분 직사각형이거나 정사각형입니다. 이 점을 이용하여 모서리마다 다른 생각을 가진 학생들끼리 모여서 생각을 공유하고 논리를 다질 수 있습니다.

예를 들어 '학교에서 스마트폰을 사용해도 될까?'라는 주제로 토론한다면, '스마트폰을 가지고 다니자.', '스마트폰을 가져오되 수업이 끝난 뒤에만 사용한다.', '스마트폰을 가져오되 쉬는 시간에만 사용한다.', '스마트폰을 가지고 다니지 말자.' 등 네 가지 입장으로 나눠 근거를 만들게 됩니다.

□ 활용 방법

❶ 사회자가 주제를 설명하고 각 모서리의 입장을 소개합니다.

❷ 토론 참여자는 자신의 입장에 가까운 모서리로 이동해서 토론을 합니다.

❸ 모서리별로 기록자를 선정하여 토론한 내용을 정리합니다. 이때 자신들의 모둠에 예상되는 질문에 대한 답변, 다른 모둠에 질문한 내용을 정리해보는 것이 좋습니다. (활동지를 사용하는 것이 효과적입니다.)

❹ 토론 시간이 끝나면 정리된 토론 내용을 발표합니다.

❺ 학급 전체와 질의 시간을 갖습니다.

□ 달리쌤이 전하는 팁

❶ 찬성과 반대, 이렇게 둘로 나눠지는 것보다 다양한 입장이 존재하는 소재일 때 더욱 효과적인 방법입니다.

❷ 학생들이 가지고 있는 생각의 종류가 다양할 때는 네 모서리로 고정하는 것이 아니라 가짓수를 좀 더 열어주는 것도 좋습니다.

❸ 전기 테이프나 색지를 이용하여 어떤 생각을 가진 사람들이 모이는 곳인지를 미리 표시해두면 혼란이 생기는 것을 막을 수 있습니다.

[토론 수업 아이디어 3]
피라미드 토론 : 최고의 해결책을 찾다

피라미드 토론

모든 학생이 자신의 의견을 가지고 토론에 참여하되 단계를 거쳐가며 의견을 조금씩 좁혀나가는 토론 방법입니다. 피라미드의 이미지를 떠올리면 조금 더 이해하기 쉬울 것 같습니다. 아래층이 넓고 위로 갈수록 좁아지는 것입니다. 모든 학생이 참여할 수 있고 토론에 자신이 없는 학생이라 할지라도 팀을 이루어 활동하기 때문에, 마지막까지 적극적으로 참여할 수 있습니다. 또한 가장 좋은 의견이나 해결책을 선정할 때 사용할 수 있어서, 학급의 문제를 결정하는 토의 상황에도 효과적입니다.

□ 활용 방법

❶ 전체적인 진행은 아래의 순서를 따릅니다.

  논제 제시 ⇨ 자신의 생각 적기 ⇨ 합의하기(1:1, 2:2 등) ⇨ 최종 결과 발표하기

  ⇨ 정리 및 평가

❷ 논제 제시 : 교사와 학생 모두 논제를 선정할 수 있습니다. 논제를 제시하고

  기본적 절차를 안내합니다.

❸ 자신의 생각 적기 : 논제에 대한 자신의 의견을 두 가지 작성합니다.

❹ 1:1 토론 : 개인별로 두 개씩 선정한 의견을 가지고 모여 자신이 기록한 내용

을 서로에게 설명한 뒤, 네 개 중 두 개를 선정합니다. 이때 자신이 주장한 내용이 선택될 수 있도록 논리를 이용해 상대방을 설득합니다.

❺ 2:2 토론 : 방금 토론한 두 명이, 선정된 두 개의 의견을 가지고 다른 두 명의 학생을 만나서 토론합니다. 그래서 네 개의 의견 중 두 개를 선정합니다.

❻ 4:4 토론 : 방금 토론한 네 명이, 선정된 두 개의 의견을 가지고 다른 네 명의 학생을 만나서 토론합니다. 그래서 네 개의 의견 중 두 개를 선정합니다.

❼ 8:8 토론 : 방금 토론한 여덟 명이, 선정된 두 개의 의견을 가지고 다른 여덟 명의 학생을 만나서 토론합니다. 그래서 네 개의 의견 중 두 개를 선정합니다.

❽ 최종 결과 발표하기 : 8:8 토론을 통해 얻은 결과를 대표자가 발표합니다.

❾ 정리 및 평가 : 의견을 활발하게 제시한 학생, 타당한 근거를 이야기한 학생, 의견 합의 과정에서 협조적으로 참여한 학생, 기본적인 토론 예절을 잘 지키는 학생 등을 격려하며 마무리합니다.

▫ 달리쌤이 전하는 팁

❶ 4인 1조 모둠별로 활동하는 것이 효과적입니다. 짝끼리 토론 ⇨ 앞뒤 사람 토론(모둠 토론) ⇨ 모둠 간 토론으로 규모를 확대시키며 아이디어를 수렴할 수 있습니다.

❷ '입론'지(의견을 적는 종이)는 포스트잇이나 색종이를 이용하는 것이 좋습니다. 그리고 1인당 두 개의 의견을 내더라도 기록은 한 장에 한 개의 의견을 쓰는 것이 아이디어 분류에 효과적입니다.

❸ 의견 종이를 책상 위에 늘어놓고 의견을 낸 사람이 상대방을 설득합니다. 이 과정을 거쳐 합의한 뒤 네 개의 의견을 두 개로 좁히고, 두 개의 의견에서 하

나의 의견을 선정합니다.

❹ 이 토론 방법에서 가장 중요한 가치는 '합의'입니다. 단순히 다수결로 의견을 결정하는 것은 장점을 제대로 살리지 못할 수 있습니다. 상대방을 이해하고 설득하는 것, 내 의견을 조금 양보하는 것을 통해 합의의 과정을 거쳐 결정해야 한다는 것을 강조합니다.

❺ 피라미드 토론은 토너먼트 방식이 적용된 방법입니다. 그래서 팀과 팀의 구성원 수가 맞지 않을 경우에는 부전승 개념을 적용할 수도 있습니다.

❻ 자기주장이 강한 학생들은 자신이 적은 내용이 선택되기를 원하는 마음에 억지 주장을 하는 경우가 있습니다. 토론 시작 전에 예를 들어주고 예방할 필요가 있습니다.

3

질문 수업 : 바보는 질문하지 않는다

세계적인 리더들의 공통점, 질문

"질문이 정답보다 중요하다. 만약 곧 죽을 상황에 처했고, 목숨을 구할 방법을 단 한 시간 안에 찾아야만 한다면, 한 시간 중 55분은 올바른 질문을 찾는데 사용하겠다. 올바른 질문을 찾고 나면, 정답을 찾는 데는 5분도 걸리지 않을 것이다."

– 알베르트 아인슈타인

세계적인 리더십 교육기관인 창조적 리더십센터(CCL:Center for Creative Leadership)에서 성공한 글로벌 기업 CEO 119명을 대상으로 설문조사를 실시했습니다.

"성공하는 리더의 필수 덕목이 무엇이라고 생각하십니까?"

이 책을 읽고 있는 선생님들은 어떻게 생각하시나요? 리더로서 가장 필요한 덕목은 무엇일까요? 강력한 카리스마? 변화무쌍한 환경에 적응하는 적응력? 직원들을 챙겨주는 따뜻한 마음씨? 치밀한 계획을 세울 수 있는 전략적 사고방식? 모두 아닙니다. 성공하는 리더의 첫 번째 덕목으로 꼽힌 것은 바로 질문하는 능력입니다. 꾸준히 자기를 가꾸는 자기계발이나 철두철미한 시간관리보다 질문의 가치를 높게 본 것이죠. 뒤를 이어 질문하는 분위기를 만드는 리더가 4위, 질문할 기회를 놓치지 않는 리더가 6위에 올랐습니다.

스타벅스의 하워드 슐츠 회장은 이런 질문을 던졌습니다.

"지금 커피 원두를 매입해야 할까, 가격이 떨어질 때까지 기다려야 할까?"

유니클로의 야나이 다다시 회장은 이런 질문을 던졌습니다.

"남녀노소 구별 없이 입을 수 있는 평상복이 장래성 있지 않을까?"

아사히 맥주의 마쓰이 야스오 전무는 이런 질문을 던졌습니다.

"맥주는 기린 맥주, 이 통설은 과연 사실일까?"

세븐일레븐의 스즈키 도시후미 회장은 이런 질문을 던졌습니다.

"매일 먹는 거니까 쉽게 살 수 있으면 편리하지 않을까?"

그들은 위와 같은 질문으로 기업의 역경을 극복하고 혁신을 이뤄냈습니다. 리더의 힘은 질문에서 나옵니다. 당연한 것을 당연하게 받아들이지 않는 것에서부터 변화와 공부는 시작됩니다.

질문이 사라지는 교실

질문을 하면 정보를 얻을 수 있습니다. 질문은 생각을 자극해줍니다. 반복적으로 질문하다 보니 어느 순간 생각지도 못했던 답을 얻었던 경험, 다들 있으시죠? 이처럼 질문은 깨달음을 주는 역할도 합니다. 그런데도 우리 교실에서는 질문이 점점 사라지고 있습니다.

초등학교 학생들 중 질문을 가장 많이 하는 학년은 몇 학년일까요? 최고 학년인 6학년? 아니면 세상 모든 것에 호기심을 가지고 있는 1학년? 맞습니다. 정답은 1학년입니다. 1학년은 무엇이든 물어봅니다. 선생님의 설명이 끝나기가 무섭게 "저요, 저요." 하면서 궁금한 점을 묻습니다. 아주 당연한 것들도 물어봅니다. "비는 왜 하늘에서 오는 거예요?", "선생님은 왜 키가 커요?", "왜 학교는 3월부터 다니는 거예요?"와 같은 질문들 말이죠.

한번 대답을 해주어도 다시 물어볼 때가 많습니다. 예를 들면 이런 식이죠.

"가을이 되면 왜 나뭇잎 색깔이 변하는 거예요?"

"계절이 변하니까 그렇지."

"계절은 왜 변하는 거예요?"

반면 6학년 교실은 상황이 완전히 다릅니다. "자, 궁금한 내용이 있는 사람?"이라는 질문이 무색하게 고요합니다. 책상을 보거나 멀뚱멀뚱 친구들을 바라봅니다. 만약 질문을 하더라도 딱 한 번만 합니다. 질문에 질문을 거듭하는 열정을 보이는 학생은 거의 없습니다. "아, 그렇구나." 하고 넘어가버립니다. 깊이 알고 싶다는 호기심이 1학년 때에 비해 많이 사라져버린 것이죠.

수업이 끝난 뒤 학생들에게 직접 물어봤습니다. "너희들은 왜 질문을 안 하니? 진짜로 궁금한 게 없어서 안 하는 거야?"

학생들은 이렇게 말했습니다. "진짜 모르는 것을 질문하면 나만 잘 모르는 사람이 되는 것 같아서 질문하기 싫어요.", "그냥 질문한다는 것 자체가 부끄러워요.", "질문하면 친구들의 시선이 저한테만 집중되어서 부담스러워요.", "질문하면 잘난 척하는 것 같아 보여서 안 하고 싶어요."

불과 5년 만에 생각이 완전히 달라져버린 것입니다.

동기부여 강사이자 커뮤니케이션 컨설턴트인 도로시 리즈는 『질문의 7가지 힘』이라는 책에서 질문이 사라지게 된 이유를 이렇게 말합니다.

많은 사람들이 나이를 먹으면서 질문하는 목소리가 잠잠해지는 이유는 여러 가지가 있다. 우리보다 더 똑똑하고 권위가 있고 훌륭해 보이는 사람을 만나면 자기 자신이 어리석거나 부족한 것처럼 보일까 봐 겁을 낸다. 낯선 사람들 앞에서 수줍음을 타거나, 생각을 분명하게 말로 표현하지 못해서 입을 다물어버리기도 한다. 종종 무슨 질문을 해야 하는지조차 모르는 경우도 있다.

– 도로시 리즈, 『질문의 7가지 힘』, 더난출판사, 2016, 230쪽.

이는 물론 성인에게 국한된 이야기일지도 모릅니다. 하지만 학생들의 상황과도 크게 다르지 않습니다. 이런 현상은 학년이 올라갈수록 더해집니다. 중학교 2학년만 되어도 수업 시간에 질문하는 학생이 다섯 명을 넘지 않습니다. 배워야 할 지식이 너무 많아져 질문과 답변을 주고받을 여유도 없어집니다. 혹여 수업이 끝나기 전에 질문을 해서 쉬는 시간이라도 줄어들게 되면 친구들이 던지는 온갖 비난의 화살을 맞아야 합니다. 그래서 그냥 외웁니다. 시간이 갈수록 수업 시간은 점점 더 조용해집니다. 고등학교 교실을 떠올려보세요. 조용하다 못해 고요합니다. 예배나 불경을 드리는 곳만큼 잠잠합니다. 그렇게 어른이 됩니다.

이스라엘 교사들의 '마타호세프'

정신분석학의 창시자인 지그문트 프로이트, 천재 물리학자 알베르트 아인슈타인, 20세기 미국의 대부호인 록펠러, 미국 최초의 노벨경제학상 수상자 폴 새뮤얼슨, '퓰리처상'을 만든 언론인 조셉 퓰리처, 수십 년간 어마어마한 규모의 투자펀드를 운용하며 세계 경제를 쥐락펴락하는 조지 소로스, 『사피엔스』로 유명한 학자들의 학자 유발 하라리 등 전 세계에 회자되는 상당수의 유명인들은 모두 유대인입니다. 뿐만 아니라 10억 달러 이상의 재산을 가진 미국인 중 3분의 1이 유대인입니다.

노벨상에서도 유대인들은 강세를 보입니다. 2014년까지 노벨상 개인 부분 수상자의 22%를 유대인이 차지했습니다. 195명이나 되는 셈이죠. 전 세계 인구의 0.2%에 불과한 유대인들이 이렇게 탁월한 성과를 만들어내는 이유는 무엇일까요? 그들은 더 우수한 DNA를 가지고 태어나는 것일까요?

핀란드 헬싱키 대학의 연구에 따르면 이스라엘 국민의 평균 IQ는 95라고 합니다. 180개의 조사 대상 국가 중 26위에 불과한 결과이지요. 참고로 한국은 106으로 2위를 차지했습니다. 이 연구를 통해 알 수 있는 사실은 두 가지입니다. 첫 번째는 한국인이 유대인보다 똑똑하다는 사실입니다. DNA로만 보았을 때 이 글을 쓰는 제가 유발 하라리 교수에 뒤지지 않는다는 것이죠. 감격스러운 순간이네요. 두 번째는 유대인들이 학문, 정치, 사회에서 뛰어난 성과를 내는 이유가 유전이나 생물학적 DNA 때문이 아니라는 것입니다.

그렇다면 과연 무엇이 2,000년이 넘는 시간을 나라 없이 헤매며 살아온 그들을 그렇게 만들었을까요? 유대인 하브루타의 비밀, 『최고의 공부법』의 저자 전성수 작가는 그 이유를 '마타호세프'에서 찾았습니다.

유대인 학교나 가정에서 교사나 부모가 가장 많이 쓰는 말은 "마타호세프?"이다. 이 말은 "네 생각은 무엇이니?" 또는 "너의 생각은 어떠니?"에 해당하는 말이다. 유대인의 수업은 그야말로 "마타호세프"로 시작해서 "마타호세프?"로 끝난다.

마타호세프는 정말 중요한 말이다. 상대방의 의견이나 생각을 묻는 것은 그 사람을 가장 존중하는 태도다. 아이에게 이렇게 말하면 아이는 자신이 존중받는다고 생각한다. 부하에게 상사가 부하의 의견을 물으면 부하는 자신이 존중받고 있다고 생각한다. 교사가 학생에게 네 생각이 어떠냐고 물으면 학생은 자신이 인정받고 있다고 생각한다.

사람은 누구나 내 속에 있는 말을 하고 싶어 한다. 사람은 자신을 알아주는 사람에게 목숨을 건다. 자신을 알아준다는 것은 자신의 마음, 자신의 생각을 알아준다는 것이다. 다른 사람의 생각을 알려면 물어야 한다. "당신의 생각은 어떠신가요?"

– 전성수, 『최고의 공부법』, 경향BP, 2014, 207쪽.

"마타호세프?"가 유대인 교실의 구호라면 우리나라 교실의 구호는 무엇일까요? "선생님 이야기 이해했나요? 자, 그럼 다음 장으로 넘어가겠습니다."나 "모르면 일단 외우세요. 외우면 저절로 이해할 수 있습니다." 정도일까요? 좋은 것은 배우는 법이라고 했습니다. 오늘 당장 시작해볼까요? "마타호세프?"

┌─────────────────────────────────┐
│   4   │
│   **질문 수업, 이것만은 기억하자**   │
└─────────────────────────────────┘

하브루타의 인기와 더불어 질문 수업을 실천하는 선생님들이 많습니다. 그분들 덕분에 교실도 변하고 있습니다. 침묵이 흐르던 교실에서 자신의 생각을 자유롭게 표현하는 교실로 말이죠. 질문 수업의 대가들은 이렇게 말씀하십니다. "질문 수업에서 가장 중요한 것은 가르치는 것을 내려놓는 것이다."

맞습니다. 가르쳐야 한다는 부담감에서 벗어나야만 질문에 몰입할 수 있습니다. 그럼에도 놓치지 말아야 할 것이 있습니다. 그래서 준비했습니다. 질문 수업에서 반드시 기억해야 할 세 가지입니다.

하나, 질문을 평가하지 말자.

단순한 내용을 묻는 질문은 1점, 상상해서 대답해야 하는 질문은 2점, 내 삶에 어떻게 적용할 것인지를 묻는 질문은 3점. 이렇게 질문을 등

급화해서 평가하는 경우가 있습니다. 질문의 수준을 높이려다 보니 어쩔 수 없이 이해하기 쉬운 수치를 사용하게 된 것입니다. 하지만 이 방법은 권하고 싶지 않습니다. '내가 궁금한 건 이건데 1점짜리밖에 안 되네. 그냥 물어보지 말아야지.'와 같은 생각을 심어줄 수 있기 때문입니다.

물론 질문에는 다양한 종류가 있다는 것을 소개해줄 필요가 있습니다. 하지만 수치화된 등급으로 표현하는 것은 자유롭게 질문하는 분위기를 가로막는 장애물이 될 수 있다는 사실도 기억해주세요!

둘, 질문을 연결하자.

일본 가쿠슈인 대학의 사토 마나부 교수는 배움의 공동체 철학으로 한국에 알려졌습니다. 그가 주장한 배움이 있는 수업에서 강조하는 것이 '연결'입니다. 배움과 배움을 잇는 '연결 짓기'죠. 연결 짓기란 이런 것입니다.

> 교재와 아이들을 연결한다.
> 이 아이와 저 아이를 연결 짓는다.
> 오늘 수업과 내일 수업을 연결 짓는다.
> 하나의 지식을 다른 지식과 연결한다.
> 어제 배운 것과 오늘 배운 것을 연결 짓는다.
> 교실에서 배우는 것과 사회에서 일어나는 일을 연결 짓는다.
> 아이들의 현재와 미래를 연결한다.

질문을 이용한 연결 짓기는 학생들이 깊게 이해하도록 하는 데 매우 효과적입니다. 예를 들자면 이런 것들 말입니다. "철수의 이야기에 대해 어떻게 생각하니?", "경채의 말은 혜수의 이야기와 같을까, 다를까?", "서영이가 하는 말이 교과서의 어디에 쓰여 있니?", "민재가 한 것과 같은 경험을 한 적이 있니?"

자칫하면 성취 기준 도달과 관계없이 질문만 다양하게 주고받다가 끝나버리는 수업이 될 수 있습니다. 걷잡을 수 없는 질문 공세에 맥을 잃어버린 것이죠. 따라서 성취 기준에 다가갈 수 있도록 학생들의 질문을 분류하고 연결해야 합니다.

셋, 질문으로 끼어들자.

학생들끼리 질문을 주고받는 모습을 보고 있으면 저도 모르게 끼어들고 싶어질 때가 있습니다. "아니, 그 말이 아니라 그건 이런 뜻이잖아."라고 이야기하고 싶어지지요. 하지만 그럴 때마다 꾹 참아야 합니다. "왜 이렇게 생각하게 된 거야?", "정말 굿 아이디어인데? 어떻게 그런 생각을 했어?", "여기 이 사람의 표정은 왜 이렇게 변했을까?", "주인공은 왜 갑자기 이런 선택을 했을까?" 등의 질문으로 끼어들어야 합니다.

랍비는 지식을 전달하는 사람이 아닙니다. 질문을 던지는 사람이죠. 소크라테스처럼 말입니다.

질문을 던지는 능력은 훈련을 통해 성장할 수 있습니다. 메이지대학교의 사이토 다카시 교수는 삼색 펜으로 노트 필기하기, 질문 게임하기와 같은 방법으로 질문 능력을 키울 수 있다고 말합니다. 저는 질문을 활발하게 나눌 수 있는 수업을 통해 질문 능력을 기를 수 있다고 믿습니다. 판을 어떻게 짜주느냐에 따라 놀이꾼의 춤사위가 달라지듯 질문을 할 수 있는 환경을 만들어줘야 학생들이 주저하지 않고 질문합니다.

"낡은 정답보다 새로운 질문이 필요한 시대다. 아이들의 잠재능력을 이끌어내려면 스스로 답을 찾도록 도와주는 질문이 필요하다."

— 조희연, 서울시 교육감

[질문 수업 아이디어 1]

월드 카페 : 교실이 카페가 되다

월드 카페

월드 카페는 열린 대화, 친밀한 대화를 촉진하고, 아이디어들을 연결하여 집단 지성에 이를 수 있게끔 구조화된 대화 프로세스입니다. 각 월드 카페의 주제는 일련의 질문들로 표현됩니다. 참가자들은 그 질문들에 대한 대화를 이어가며 테이블을 옮겨 다니게 됩니다. 월드 카페의

분위기는 대화가 활발하게 일어날 수 있도록 조성됩니다.

어떤 월드 카페에서는 참가자들이 공평하게 말할 기회를 보장하기 위해 토킹 스틱을 사용하기도 합니다. 개개인은 말하고 듣는 것뿐만 아니라, 테이블에 놓인 종이에 쓰거나 낙서할 수도 있습니다. 이는 사람들이 테이블을 바꿨을 때 이전의 사람들이 나름의 방식으로 표현한 것들을 살펴볼 수 있게 하는 단서가 됩니다. 월드 카페는 문제를 해결하는 것보다는 주제에 관해 보다 풍부하고 혁신적으로 생각해보는 것에 초점이 맞춰져야 합니다.

□ 활용 방법

❶ 먼저 대화를 나누기 위한 질문이 필요합니다. 월드 카페의 주제는 질문으로 표현됩니다. 질문의 의도는 참가자들에게 최대한 상세하게 설명해야 합니다.

❷ 최소 20명 이상의 참여자를 대상으로 진행되고, 보통 4~6명 정도가 한 테이블에 앉을 수 있도록 배치합니다.

❸ 테이블에서 호스트 1인을 선정합니다. 호스트의 역할은 참가자들 간의 대화를 촉진시키고, 한 사람이 너무 많은 이야기를 하지 않고 골고루 말할 수 있도록 조정하며, 이후 대화 내용을 정리하는 것입니다.

❹ 테이블별로 대화를 진행합니다. 대화를 진행하면서 테이블 위에 있는 각종 기록의 도구들을 자유롭게 활용하도록 합니다.

❺ 본인만 볼 수 있는 메모를 하는 것보다 모두가 볼 수 있도록 테이블 위의 종이에 메모하는 것이 좋습니다.

❻ 1차 대화가 끝나면 참가자들은 테이블 호스트 1인만 남고 다른 테이블로 이

동합니다. 이동 시에는 최대한 앞선 테이블에서 만난 사람이 아니라 새로운 사람을 만날 수 있도록 합니다.

❼ 테이블 이동이 완료되면 테이블 호스트는 새로운 사람을 맞이하고, 앞선 테이블에서 나누었던 대화 내용을 짤막하게 2~3분 내에 소개합니다. 앞선 사람들과의 대화 내용 소개가 끝났으면 다시 대화를 이어갑니다.

❽ 이 테이블 이동 과정을 규모와 정해진 시간에 따라 몇 차례 반복적으로 진행할 수 있습니다. 모든 테이블 대화가 끝났으면 이제 전체 대화 내용을 모두가 공유하게 됩니다. 테이블 호스트들이 앞에 나와서 테이블 대화 내용을 소개하는 시간을 갖도록 합니다.

□ 달리쌤이 전하는 팁

❶ 테이블별로 다른 주제나 질문으로 진행하는 것이 좋습니다. 주제나 질문이 동일할 경우 중복된 이야기를 하며 테이블을 순환하게 될 수 있습니다.

❷ 상황에 따라 토의 시간의 간격을 조절할 필요가 있습니다.

❸ 호스트는 친구들의 의견을 잘 들어주고 대화의 흐름을 이끌어갈 수 있는 학생이 맡는 것이 효과적입니다.

❹ 마지막 발표 전, 호스트가 자신의 의견을 정리할 시간을 줍니다.

❺ 경직된 분위기가 아닌 편안한 분위기 속에서 자유롭게 자신의 생각을 이야기하는 환경을 조성해주어야 합니다.

월드카페 호스트! 이렇게 말한다!

1. "안녕하세요 ^^
_____의 카페에 오신 것을 환영합니다."

2. "지금까지 _____ 이야기를 나눴어요."

3. "월드 카페에 틀린 의견은 없습니다.
자유롭게 자신의 생각을 이야기해주세요."

월드 카페 호스트 말하기 틀

[질문 수업 아이디어 2]
도너츠 : 돌아가며 질문하다

도너츠

이 방법은 'inside/outside circle'이라는 협동학습 방법을 초등학생들이 부르기 쉬운 이름으로 바꿔본 것입니다(Greenstein, 2010).

먼저 학생들을 두 집단으로 나눠 안쪽 원, 바깥 원으로 구분하여 서로 마주 보는 짝을 만들어줍니다. 안쪽 원 학생들은 바깥 원 학생들을 마주 보게 되겠죠? 안쪽 원, 바깥 원의 짝끼리 만나 선생님이 던진 질문에 대한 의견을 공유하거나, 서로가 만든 문제를 묻고 답할 때 효과적으로 사용할 수 있는 방법입니다. 신호에 따라 방향을 한 칸씩 돌려 손쉽게 짝을 바꿔가며 의사소통할 수 있습니다.

□ 활용 방법

❶ 학급 전체를 절반으로 나눕니다.

❷ 두 그룹 중 한 그룹은 안쪽 원, 나머지 한 그룹은 바깥 원을 만들어 서로 마주 보고 앉습니다.

❸ 안쪽 원의 학생들과 바깥쪽 원의 학생들이 1:1로 짝을 맞춥니다.

❹ 만들어놓은 질문을 주고받거나, 완성된 자신의 활동과제를 소개하거나 평가합니다. (역할 교대)

❺ 선생님의 신호에 맞추어 안쪽 원의 학생들이 한쪽 방향으로 이동하며 새로운 친구를 만납니다.

□ 달리쌤이 전하는 팁

이럴 때 사용하면 좋습니다!

❶ 짧은 시간동안 여러 친구들과 공유하고 싶을 때

❷ 배웠던 내용을 복습하는 문제를 서로 풀어볼 때

❸ 국어 텍스트를 읽은 뒤, 만든 질문을 주고받을 때

❹ 완성한 결과물을 서로에게 소개할 때

❺ 선생님이 던진 질문에 대한 의견을 공유할 때

❻ 날마다 짝하고만 이야기해서 다른 친구들과 이야기 나누고 싶을 때

호기심 상자

호기심 상자는 다양한 생각이나 질문을 만들어내는 방법입니다. 촉
감을 자극해서 창의적인 생각을 떠올리게 만들어주는 장점이 있습니
다. 물건을 만지는 학생도, 이를 바라보는 학생들도 수업에 집중하게 됩
니다.

안대를 쓰는 학생은 어떤 물건인지 알지 못하기 때문에 호기심을 가지고 활동에 참여합니다. 나머지 학생들은 뚫린 상자의 앞부분을 통해 어떤 물건인지를 알고 있기 때문에(정보의 차이) 쉽게 물건을 예상하지 못하는 친구의 모습을 흥미롭게 바라보며 수업에 몰입하게 됩니다. 호기심 상자의 앞부분을 가려 안대를 쓴 학생에게 주도권을 주는 방법으로 변형하여 사용할 수 있습니다.

□ **활용 방법**

❶ 호기심 상자에 수업 내용과 관련된 물건을 넣어둡니다.

❷ 교사는 나머지 학생들에게 어떤 물건인지를 보여줍니다.

❸ 호기심 상자에 손을 넣는 학생은 안대로 눈을 가린 채 떨리는 마음으로 손을 넣습니다.

❹ 이때 나머지 학생들은 물건에 대한 힌트를 줄 수 없습니다. 단, 물건을 맞히지 못할 경우 힌트를 주는 방식으로 변형하여 진행할 수 있습니다.

❺ 어떤 물건인지를 발표합니다.

❻ 물건의 종류를 바꿔 위의 과정을 반복하여 진행합니다.

□ **달리쌤이 전하는 팁**

❶ 초등학교 1학년 학생들에게도 '초특급 집중' 상태를 만들어주는 방법입니다. "경청의 태도가 좋은 학생에게 다음 안대를 쓸 수 있는 기회를 주겠습니다."라는 말 한마디면 '몰입의 즐거움'이 느껴지는 교실 분위기를 만들 수 있습니다.

❷ 비슷한 종류의 보기를 제공해서 진행할 수 있습니다.

❸ 호기심 상자를 직접 제작하는 방법도 있습니다. 마트에서 구할 수 있는 소주 상자나 과자 상자를 이용합니다. 이 경우에는 나머지 학생들이 볼 수 있도록 전면에 구멍을 크게 뚫어놓는 것이 좋습니다.

❹ 이런 수업에서 효과적입니다.

– 다양한 묘사의 경험이 필요한 수업

– 입체도형 수업(네모 상자 모양, 둥근 기둥 모양, 공 모양)

– 1, 2학년 통합 교과 수업(계절과 관련된 과일, 물건 등)

[질문 수업 아이디어 4]
달징어 : 대답하고 뜯어오다

달징어

달징어(오징어) 몸통에 붙어 있는 다리를 뜯으며 모아가는 게임 형식의 활동 방법입니다. 몸통에는 수업 주제와 관련된 핵심 내용을 기록합니다. 다리에는 핵심 내용을 이해하였는지 확인할 수 있는 질문이나, 학습 내용을 좀 더 깊이 있게 생각하게 만들어줄 질문을 기록합니다. 다른 모둠으로 이동하며(두 명씩 이동하고, 두 명은 자리에 그대로!) 다리에 적힌 문제를 선택해서 풀고 설명합니다. 정답을 말하고 친구들의 추가 질문에도

올바로 답하면 다리를 떼어 올 수 있습니다. 원래 모둠으로 돌아와 다리를 붙이며 질문을 공유합니다.

미래교실네트워크 광주, 전라 오프라인 모임을 통해 배우게 된 활동입니다.

□ 활용 방법

❶ 학생들은 몸통에 수업의 핵심 내용을 정리합니다.

❷ 학생들은 다리에 핵심 내용의 이해도를 확인할 수 있는 질문을 기록하여 붙입니다. (이때, 모둠 내에서 질문에 대해 미리 대답해보는 과정을 거쳐야만 학습 내용에서 벗어나는 질문이 붙여지는 것을 막을 수 있습니다.)

❸ 교사는 활동 시간을 안내합니다.

❹ 학생들은 다른 모둠으로 이동하여 질문 다리를 선택하고 답합니다. (둘 가고 둘 남기 방법을 사용하는 것이 효율적입니다.)

— 4인 1모둠의 경우, 둘은 남고 둘은 옆 모둠으로 이동합니다.

— 이동한 학생들은 다리에 붙어 있는 질문을 읽어본 뒤, 답할 수 있는 것을 선택합니다. 제대로 된 답을 이야기했을 경우 다리를 뜯어 갈 수 있습니다.

— 남아 있는 학생들은 질문이 적힌 다리를 선택한 학생들이 제대로 된 답을 이야기하는지 판단합니다.

❺ 학생들은 모둠을 순회하며 같은 활동을 반복합니다.

❻ 약속한 시간이 지나면 이동하며 다리를 떼던 학생들은 원래 모둠으로 돌아 와 모은 다리를 몸통에 붙입니다. (다른 학생들이 우리 모둠의 다리를 떼어 갔기 때문에 현재 몸통에는 다리가 거의 남아 있지 않습니다.)

❼ 다리를 하나씩 붙이며 자신이 가져온 질문과 이에 대한 대답을 모둠 구성원들과 공유합니다.

❽ 교사는 활동의 전 과정에서 순회하며 학생들의 이해도를 파악합니다.

□ 달리쌤이 전하는 팁

❶ 달징어는 역할을 교대하며 1부와 2부로 진행하는 활동입니다. 2부까지 끝난 뒤에는 다리들을 살펴보며 좋은 문제를 뽑아 학급 전체와 함께 풀어볼 수 있습니다.

❷ 달징어의 다리는 태그용 포스트잇이나 색종이를 오려서 사용할 수 있습니다.

❸ 모둠원들과 함께 이야기한 다음 몸통에 학습 내용이나 문제 해결 원리를 기록합니다. 몸통에 기록하기 전에 아이디어를 확장시키는 대화의 시간이 필요

합니다. 대화를 통해 생각을 정리한 뒤, 기록합니다.

❹ 원활한 활동을 위해 좋은 질문을 만드는 연습의 과정이 필요합니다. 사용할 수 있는 질문 만들기의 예는 다음과 같습니다.

- 단어의 뜻을 질문하기
- 친구의 생각을 질문하기
- 상상해서 질문하기
- 실제 삶과 연결해서 질문하기

❺ 전체 학생들과 순환하며 교류하기 전, 모둠 내에서 출제한 질문에 대해 미리 대답해보는 과정을 거쳐야만 학습 내용에서 벗어나는 질문이 다리로 붙여지는 것을 막을 수 있습니다.

❻ 기록하는 다리의 수(질문의 수)를 한 가지 이상으로 약속한다면 소극적인 학생들도 참여하도록 이끌 수 있습니다.

❼ 수학 연산 수업이나 국어 문법, 사회–과학의 개념 설명 수업에서 사용할 수 있습니다.

뜨거운 의자 : 의자 위 인물에게 묻다

뜨거운 의자

뜨거운 의자(hot seating)는 교육 연극 방법으로 널리 알려져 있지만 질문을 주고받는 수단으로도 효과적인 기법입니다. 학생을 교실 앞 의자에 앉힌 뒤, 다른 학생들이 질문을 하고 의자에 앉은 학생이 대답하는 방식입니다(Zwiers, 2010). 의자에 앉은 학생은 이야기 속 등장인물이 되어 연기하며 청중들이 던지는 질문에 답하게 됩니다.

사회자를 정해 인터뷰를 하는 방식으로도 활용할 수 있습니다. 즉흥적인 질문들이 많이 만들어집니다. 그러다 보니 의자에 앉은 학생은 상상력을 발휘해서 대답해야 합니다. 뜨거운 의자의 매력이 여기에 있습니다. 혼자서는 생각할 수 없었던 부분까지 깊게 상상하게 됩니다. 인터뷰뿐만 아니라 대담, 논쟁, 모의재판 형식으로도 진행할 수 있습니다(김진규, 2013). 인물의 얼굴이 담긴 목걸이나 가면을 쓰고 진행하면 수업이 더 즐거워집니다.

수업뿐 아니라 학급경영 방법으로도 변형할 수 있습니다. 매일 아침 시간 교실 중앙 의자에 '오늘의 주인공'을 앉히고 궁금한 점을 자유롭게 묻고 답합니다. 뜨거운 의자에는 개인이 아닌 모둠 구성원 전체를 앉힐 수도 있습니다.

□ 활용 방법

❶ 이야기 속, 배운 내용 속에서 만나보고 싶은 인물을 정합니다.

❷ 인물에게 묻고 싶은 질문을 준비합니다. (개인별/모둠별)

❸ 1:3 인터뷰 - 모둠 내에서 미니 뜨거운 의자를 진행합니다.

❹ 1:학급 전체 인터뷰 - 학급의 학생 중 한 명이 의자에 앉아 등장인물이 되어 나머지 학생들이 던지는 질문에 대해 답합니다.

□ 달리쌤이 전하는 팁

❶ 뜨거운 의자를 사용하는 이유(작품, 인물에 대한 이해를 심화시켜야하는 상황)가 타당할 때 적용해야 합니다. 자칫 흥미 위주의 질문을 주고받는 시간이 되어버

릴 수 있기 때문입니다.

❷ 인물이 등장하는 지문을 읽고, 그 내용을 심화시킬 때 유용하게 사용할 수 있습니다. 그래서 국어나 도덕 수업에 효과적입니다.

❸ 사회과 역사 수업에서도 활용도가 높습니다. 예를 들어 위화도 회군을 고민하는 이성계를 모셔 이야기를 나누는 활동을 한다면 학생들의 깊이 있고 창의적인 질문을 자연스럽게 끌어낼 수 있습니다.

❹ 인물에게 묻고 싶은 질문을 준비하는 과정을 다양한 방법으로 풀어낼 수 있습니다. 물론, 개인별로 질문을 생각해보는 것이 가장 일반적이지만 모둠에서 함께 이야기해보고 그 내용을 기록한다면 질문 만들기에 대한 관심을 좀 더 높일 수 있습니다. 그리고 이 활동은 모둠 내 미니 뜨거운 의자로 연결시킬 수 있습니다.

5

비판적 사고력은 메타인지에서 나온다

메타인지란 무엇인가

메타인지(metacognition)는 미국의 발달심리학자 존 플라벨이 만든 용어입니다. 접두사 meta는 "~에 대해서"라는 뜻으로, 영어의 about과 비슷하죠. cognition은 어떤 사실을 안다는 뜻의 '인지'를 뜻합니다. 즉 메타인지란 인식에 대한 인식, 생각에 대한 생각, 인지과정에 대한 인지능력을 말하는 것입니다. 조금 더 쉽게 설명하자면 내가 뭘 알고 모르는지를 아는 것이라고 할 수 있습니다. 아는 것과 모르는 것을 구분하는 능력이지요.

중국의 대 철학자이자 사상가인 공자님께서도 메타인지를 알고 계셨습니다. 인지심리학자들이 메타인지라는 개념을 발견해내기 수십 세기 전에 말이죠. 『논어』의 '위정' 편에는 이런 내용이 나옵니다. "안다는 것이 어떤 것인지를 가르쳐주겠다. 아는 것을 안다고 하고, 모르는 것을 모른다 함이 진정한 앎이니라."

어떤가요? 메타인지의 의미와 비슷한가요?

학창시절을 떠올려볼까요. 공부를 잘하는 친구들은 자기가 아는 것과 모르는 것을 구분해낼 수 있습니다. 시험 기간에도 모르는 문제들만 찾아서 깊게 공부하지요. 반면, 자신이 무엇을 알고 무엇을 모르는지 구별하지 못하는 학생들은 그냥 처음부터 공부합니다. 결과는 어떻게 될까요?

메타인지 능력을 알아볼 수 있는 다른 예시가 또 있습니다. 스무 개의 수학 문제를 풀었다고 가정해보겠습니다. 메타인지 능력이 높은 학생은 자기가 어떤 문제를 틀렸는지 정확히 알 수 있습니다. "두 개 정도 모르는 게 있었어.", "하나는 확실히 틀린 것 같고 하나는 애매한데."처럼 말이죠. 반면 메타인지 능력이 낮은 학생은 맞고 틀린 문제에 대한 감을 잡지 못합니다. "다 맞은 거 같은데?"라고 말했지만 다섯 개를 틀리기도 하고, "여섯 개는 틀린 것 같은데?"라고 말했지만 세 문제를 틀리기도 합니다. 이 글을 읽고 계신 선생님은 학생 시절, 어떤 쪽이셨나요? 메타인지가 높은 편이셨나요, 낮은 편이셨나요?

상위 0.1% 학생들과 일반 학생들의 차이

EBS 제작팀에서는 전국모의고사 전국 석차 상위 0.1% 학생 800명과 일반 학생 700명의 차이를 알아보는 연구를 진행했습니다. 바로 〈학업 성취도와 기억력의 상관관계〉 테스트였지요.

실험은 이렇게 진행되었습니다. 전체 학생을 0.1% 팀과 일반 학생 팀으로 나눈 뒤, 연관성 없는 단어(예: 변호사, 여행, 초인종) 25개를 외우도록 했습니다. 하나의 단어마다 3초씩 들려준 뒤, 기억나는 단어를 모두 적어보는 간단한 실험이었죠. 결과는 어떻게 되었을까요? 너무 뻔한가요? 상위 0.1% 학생들이 어떤 학생들입니까. 각 지역구에서 최고인 학생들인데 단어 25개 정도 외우는 것은 식은 죽 먹기가 아니었을까요?

실험 결과는 의외였습니다. 0.1% 학생들과 일반 학생들 모두 평균 8개 정도만 기억해냈습니다. 오히려 일반 학생들 팀에 더 많은 수의 단어를 기억하는 학생이 있었습니다. 결국 학업 성취도와 기억력 사이에는 별다른 상관관계가 없다는 것을 알게 된 셈이죠. 그런데 단어를 암기한 뒤, 몇 개를 기억할 수 있는지에 대해 물었던 테스트에서는 두 그룹이 조금 달랐습니다.

일반 학생들은 자신이 외울 수 있다고 대답한 단어의 수와 실제로 맞춘 단어의 수가 같지 않았습니다. 반면 0.1% 학생들은 한 명을 제외하고는 자신이 외우고 있는 단어의 개수를 정확하게 맞췄습니다. 아주대학교 심리학과의 김경일 교수는 이렇게 말했습니다. "이 두 집단의 차이는 기억력 자체의 차이가 아니라 자기가 얼마만큼 할 수 있느냐에 대한, 그것을 보는 능력의 차이라고 볼 수 있습니다."

얼마만큼 할 수 있느냐를 보는 능력이란 무엇을 말하는 것일까요? 아는 것과 모르는 것을 구분하는 능력, 바로 메타인지의 차이입니다. 학업 성취도는 메타인지와 밀접한 연관이 있습니다.

어떻게 메타인지를 향상시킬까?

네덜란드 라이덴 대학의 베이만 교수는 메타인지에 대한 25년의 연구 결과를 다음과 같이 밝혔습니다. "IQ는 성적의 25% 정도를 설명해주지만 메타인지는 성적의 40% 정도를 설명해준다." 그리고 "희망적인 사실은 IQ와 달리 메타인지는 훈련을 통해 충분히 향상시킬 수 있다는 것이다."라고 덧붙였습니다. 메타인지는 고정불변의 것이 아니라 변화 가능성을 가졌다는 반가운 소식이죠.

그렇다면 메타인지를 향상시키기 위해서는 어떻게 해야 할까요? 가장 간단한 방법은 내가 아는 것과 모르는 것이 무엇인지를 반복해서 생각하는 것입니다. 현재 자신이 이해하고 있는 것이 어느 정도인지를 파악하고 관리하는 것이지요. '알고 있다'고 생각하는 순간 더 이상의 학습이 이루어지지 않는다고 합니다. 알고 있다는 느낌을 가지는 것과 정확하게 아는 것을 먼저 구분해야 합니다. 그다음 내가 모르는 것에 대해 체계적으로 보완해야 합니다.

알고 있다는 느낌을 가지는 것 ≠ 정확하게 아는 것

메타인지를 활성화시키는 간단한 방법이 있습니다. 단 두 가지 질문만으로 말이죠.

하나, "오늘 배운 부분 중에서 정확하게 이해한 것과 이해하지 못한 것은 무엇인가?"

둘, "만약 제대로 이해하지 못한 부분이 있다면 어떻게 해결할 것인가?"

수업 시간의 마지막 부분에 이 두 가지 질문에 대한 답을 기록하는 시간을 가져보세요. 물론 처음에는 쉽지 않을 것입니다. 대부분의 학생들이 별 생각 없이 가만히 앉아 수업을 듣고 있기 때문입니다. 어떤 학생들은 "선생님, 그런데 뭘 써야 돼요?"라고 반문할지도 모릅니다. 당연합니다. 내가 제대로 알고 있는지에 대해 생각해본 적이 별로 없기 때문이죠.

학업 성취도가 낮은 학생들은 이해되지 않는 내용이 있어도 크게 연연하지 않고 쿨하게 넘어갑니다. '아, 이거 잘 모르는데 어쩌지?'와 같은 자기점검은 하지 않습니다. 하지만 이제는 메타인지를 활용하는 것을 습관으로 만들어야 합니다. 메타인지는 훈련을 통해 향상될 수 있으니까요!

메타인지를 향상시켜주는 전략

1. 반복연습하기 : 노트 필기하기, 밑줄 긋기, 반복해서 쓰기
2. 중요한 정보에 집중하기 : 이탤릭체로 쓴 단어, 진하게 쓰인 단어에

주목하기

3. 정교화하기 : 선생님이 말씀하신 예 이외에 새로운 예 생각하기, 이미 내가 알고 있는 것과 생활에서 직접 겪었던 실제 경험 연결 짓기

4. 조직화하기 : 오늘 배운 교과내용을 요약하여 구조도, 그림, 표로 만들기

5. 이해 점검하기 : 나 스스로 이해하고 있는지를 확인하기
   － 자기설명하기 : 읽고 있거나 공부하고 있는 자료를 더 잘 이해하기 위해서 가끔 멈추어서 스스로에게 언어로 표현하는 과정
   － 자기질문하기 : 한 주제에 대해 이해를 확인하는 방법으로 스스로에게 질문하는 과정

6. 정의적 전략 : 나에게 학습을 잘할 수 있는 환경, 마음 상태 만들어주기

출처 : Jeanne E. Ormrod, 『교육심리학(제7판)』, 아카데미프레스, 2011.

6

형.성.평.가 : 메타인지를 길러주는 최고의 방법

어떻게 하면 수업을 통해 메타인지를 기를 수 있을까요? 앞에서 메타인지를 향상시키는 방법은 내가 아는 것과 모르는 것이 무엇인지를 반복해서 생각하는 것이라고 말했습니다. 그렇다면 어떻게 생각하게 만들 수 있을까요? 그것도 수업시간에 말이죠. 수업 중 이루어지는 평가인 형성평가에서 그 해답을 찾아보았습니다.

우선 형성평가에 대한 개념부터 짚어보겠습니다.

학습 및 교수가 진행되고 있는 유동적인 상태에 있는 과정에서 학생에게 피드백을 주고 교육과정을 개선하고 수업방법을 개선하기 위해 실시되는 평가

– 허형, 1978

학생의 학습동기와 학습을 개선하기 위하여 학생의 진전 정도를 확인하여 그들에게 피드백을 제공함으로써 수업을 수정하는 활동

— McMillan, 2004: 2007

교사들은 그들의 수업 절차를 조정하고 학생들은 학습전략을 조정하기 위해서 학생의 현 상태에 대한 평가 증거를 사용하는 하나의 계획된 과정

— Popham, 2008

형성평가는 이처럼 학생들이 자율적으로 학습하도록 도와주기 위한 과정이나 활동을 말합니다. 평가라고 하면 흔히 교사가 하는 것으로 생각하기 쉽습니다. 수업의 마지막 부분에서 퀴즈나 쪽지 시험을 보는 것처럼 말이죠. 하지만 형성평가는 수업의 모든 과정에서 이루어질 수 있습니다. 정리뿐만 아니라 도입, 전개 단계까지 모든 과정에서 가능합니다.

형성평가 전도사이자 『형성평가 101가지 기법』의 저자 김진규 교수님은 책에서 이렇게 말합니다.

형성평가는 단순히 학생들의 이해 정도만을 측정하는 도구라고 간주해서는 안 된다. 형성평가는 교사의 교수활동과 학생의 학습활동을 연결시켜주는 교량적 역할을 담당하고 있다. 교사의 교수활동은 학생들의 학업성취도를 향상시키는 데 궁극적인 목적을 두고 있다. 성취도를

향상시키기 위한 형성평가는 학생들이 학습에 적극적으로 참여하도록 유도해야 한다. 또한 형성평가는 교사와 학생들에게 의도된 방향으로 학습 성과가 나타날 수 있도록 도와주어야 한다. 물론 교사들은 형성평가를 통하여 학생들이 학습했다는 증거를 수집하여 다음 단계의 의사결정을 내리기 위한 정보로 활용해야 한다.

- 김진규, 『형성평가 101가지 기법』, 교육과학사, 2013, 16쪽.

제가 소개하는 아이디어들은 다양한 형성평가의 유형 중 학생 자기평가의 방법입니다. 학생 자기평가란 학생 스스로 학습에 대한 정보를 수집하고 반성하는 것을 말합니다. 버지니아 대학의 맥밀란 교수는 학생 자기평가를 다음과 같이 정의합니다.

"학생이 학습할 경우에 학생들의 행동과 사고의 질을 점검하고 다음으로 이해하는 정도와 스킬을 개선시킬 전략을 확인하는 과정."

어떤가요? 내가 알고 있는 것이 무엇인지 파악하고 미처 모르는 게 있다면 어떻게 보완할지를 체계적으로 생각해본다는 메타인지와 비슷하지 않나요?

무엇을 알고 무엇을 모르는지, 내가 얼마나 알고 있다고 생각하는지를 점검하게 만들어주는 형성평가 기법들을 모아봤습니다. 수업에 바로 적용할 수 있는 간단하고 쉬운 방법들입니다. 생각하기 싫어하는 학생들에게 손가락, 신호등, 판단 핸드, 골든벨과 같은 방법을 이용하여 "에이~ 그러지 말고 한번 생각해봐!", "너 이거 얼마나 알고 있는 데? 한번 적어봐!"라며 꾀는 것입니다.

오늘 수업 시간에 이 아이디어들을 하나씩 넣어보고, 시간이 부족하다면 단원마다 한 번씩 실천해보는 것도 좋습니다. 하지만 수업의 질을 향상시키기 위해서는 자주 실시하는 게 좋습니다. 내가 얼마나 아는지 스스로 평가하다 보면 자신이 아는 것과 모르는 것을 또렷하게 자각하게 되는 날이 찾아옵니다. 그때 즈음에는 학생들의 메타인지가 많이 향상되어 있을 것입니다.

"세상에는 두 가지 종류의 지식이 있다. 첫 번째는 내가 알고 있다는 느낌은 있는데 설명할 수는 없는 지식이고, 두 번째는 내가 알고 있다는 느낌뿐만 아니라 남들에게 설명할 수도 있는 지식이다. 두 번째 지식만 진짜 지식이며 내가 쓸 수 있는 지식이다."

– 네이버 지식백과, 김경일 교수, '생활 속의 심리학'

엄지로 말하자, 엄지 Up & Down

엄지 UP & DOWN

"예슬이는 알고 있는 것 같은데 발표를 안 하네."

"선영이는 어느 정도 이해하고 있을까."

"이번 시간 내용을 학생들이 얼마나 이해했을까."

엄지 UP & DOWN은 아주 간단한 반응 표현 방법입니다. 학습 내용에 대한 스스로의 이해 정도를 생각해본 뒤, 손가락 방향을 이용하여 표시하는 것입니다(김진규, 2013).

일반적으로 사용하는 거수 – 지명 – 발표의 방법으로는 모든 학생의 이해도를 확인하기 어렵습니다. 손을 든 학생들은 소수일 뿐이고, 손을 들지 않은 학생들이 어떤 생각을 가지고 있는지는 파악하기 어렵습니다. 이 기법을 통해 작지만 확실하게 자신의 이해도를 표현할 수 있습니다.

엄지는 이렇게 사용합니다. 어떤 내용을 잘 이해한다고 스스로 생각하면 엄지를 위로 올립니다. 아직 확실하지 않을 때는 엄지가 옆을 향하도록 표시합니다. 아직 이해하지 못하고 있다고 생각될 때는 엄지가 아래를 향하도록 합니다.

□ 활용 방법

❶ 배움 주제와 관련된 질문을 던집니다.

❷ 질문에 대해서 스스로 평가할 수 있는 시간을 갖습니다.

❸ 엄지손가락을 이용하여 자신의 의견을 표현합니다.

❹ 학생들의 의견을 반영하여 수업을 진행합니다.

□ 달리쌤이 전하는 팁

❶ 아주 간단하지만 효과적인 방법입니다. 짧은 시간 내에 학생들의 반응을 파
악할 수 있기 때문입니다. 학기 초 학생들과 약속만 잘 해놓는다면 수업뿐만
아니라 학급의 모든 의사결정 상황에서 사용할 수 있습니다.

❷ 이런 상황에서 효과적입니다.

－ 지난 시간에 학습한 내용에 대한 이해도를 확인할 때

－ 수업의 정리 부분에서 이해도를 파악할 때

－ 학급 전체의 의견이 필요한 의사결정 상황에서 찬성/중립/반대의 반응을
알아보고 싶을 때

손가락 점수

수업 중 교사가 묻는 질문에 대한 자신감의 정도를 스스로 평가한 뒤, 손가락으로 표현해보는 방법입니다(김진규, 2013). 얼마만큼의 자신감을 가지고 있는지 각자 1부터 5까지 점수를 생각해본 뒤 동시에 손을 들어 표시합니다.

손가락 수가 많을수록 잘 이해하고 있다는 것을 의미합니다. 다섯 손가락을 펼치는 경우는 스스로 잘 이해하고 있을 뿐만 아니라 친구에게 설명할 자신도 있다는 것을 뜻합니다. 스스로 내용을 잘 파악하고 있지 못하다고 생각될 경우에는 한 손가락만 올립니다.

□ 활용 방법

❶ 배움 주제와 관련된 질문을 던집니다. 예를 들어, "오늘 (세 자리 수)÷(두 자리 수)를 배웠는데 이따가 배운 내용에 대해 얼마나 자신감이 생겼는지 각자 손가락 점수로 표시해볼 테니까 자기 점수를 생각하면서 문제를 풀어보세요."

❷ 학생들이 1부터 5까지 손가락 점수로 자신의 이해도를 표시합니다.

❸ 스스로 4, 5점을 표시한 학생은 추가적인 과제를 할 수 있게 도와줍니다. (문제를 만들거나, 추가 문제를 풀이하기)

❹ 스스로 1, 2점을 표시한 학생들에게 다가가 부족한 부분을 묻고 지원해줍니다.

□ 달리쌤이 전하는 팁

❶ 이 방법은 "오늘 (세 자리 수)÷(두 자리 수)를 배웠는데 잘 이해했나요?"나 "오늘 (세 자리 수)÷(두 자리 수)를 배웠는데 아직 어려운 친구 있나요?"와 같은 질문보다 훨씬 효과적입니다.

❷ 단순히 손가락으로 표시하는 활동이 의외로 강력한 위력을 발휘할 수 있습니다. 특히 학생들이 스스로의 이해도를 자기점검해볼 수 있다는 점에서 메타인지를 활성화시키는 데 효과적인 방법입니다. 교과의 제한도 없습니다. 평소 자유롭게 활용할 수 있는 방법으로 강력히 추천합니다.

[형성평가 방법 3]
헬프 미 : 질문을 부착하다

헬프 미

헬프 미는 학생들이 혼란스럽거나 어려워하는 개념이 있을 경우 포스트잇에 즉시 작성해서 칠판에 부착하는 형성평가 방법입니다. 학생들은 보통 잘 모른다고 생각하는 것에 대해 손을 들고 질문하는 것을 부담스러워합니다. 포스트잇에 기록하는 방식으로 살짝만 방법을 변형하면 모두가 자신의 생각을 점검하며 참여할 수 있습니다. 또한 이 과정에서 자연스럽게 학생들의 이해도를 파악할 수 있습니다.

수업이 끝난 뒤 포스트잇을 그냥 버리는 경우가 많습니다. 포스트잇은 학생들의 오개념이나 궁금한 점이 적혀 있는 소중한 형성평가 결과물입니다. 반드시 배움장에 포스트잇을 붙여 보관하고 누적해야 합니다. 포스트잇 옆에는 몰랐는데 알게 된 내용, 질문이 어떻게 해결되었는지 등을 기록해야 합니다. 학생들의 학습 이해도를 확인할 수 있는 소중한 자료가 될 것입니다. 포스트잇은 떨어지지 않도록 고체풀로 완전히 고정하는 것이 좋습니다.

□ 활용 방법

❶ 학생들은 수업 내용 중 자신이 어려워하는 부분이 무엇인지 생각해보는 시
   간을 갖습니다. 보통 1분 정도의 시간이 적당합니다.

❷ 궁금한 점을 포스트잇에 기록합니다.

❸ 교사의 신호에 맞춰 포스트잇을 칠판에 붙입니다.

❹ 교사는 학생들이 부착한 포스트잇을 살펴보며 보충 설명이 필요한 부분을
   탐색합니다.

❺ 학생들의 이해가 부족한 부분에 대해서는 재수업을 실시합니다.

□ 달리쌤이 전하는 팁

❶ 포스트잇에 기록하기 전에, 반드시 생각할 시간을 1분 정도 줘야 합니다. 많은 학생들이 자신이 무엇을 아는지 모르는지 생각하지 않고 그저 수업을 듣기 때문입니다. 스스로의 이해도를 점검해볼 수 있는 시간이 필요합니다.

❷ 혼란스럽거나 모르는 게 없다고 이야기하는 학생도 있습니다. 그럴 때는 이런 과정을 거쳐 질문해보세요.

– STEP 1. 지식이나 개념을 설명하게 합니다. 그러다 보면 보통 막히는 부분이 발생합니다.

– STEP 2. 예를 들어 설명해보게 합니다.

❸ 동시다발적으로 부착하게 되면 교실이 혼란스러워질 수 있습니다. 모둠 순서, 번호 순서 등으로 차례를 지켜 부착하도록 사전에 안내하는 것이 좋습니다.

❹ 차시 단위가 아닌 한 단원을 학습하는 동안 쭉 연결해서 '헬프 미'를 운영할 수 있습니다. 칠판의 한 부분에 궁금한 점을 계속해서 누적해가는 것입니다.

판단 핸드 : 이해를 판단하다

판단 핸드

"유승이가 방금 배운 내용을 잘 이해하고 있을까?"
"진호는 평소에도 질문이 많은 편인데 오늘은 없을까?"

판단 핸드는 자기평가 방법입니다. 손바닥 모양의 표시장치(indicator systems)를 이용하여 학습 이해의 정도를 신속하게 표현하는 것입니다. 교사가 학습 내용에 대해 질문하면 학생들은 스스로 자신의 이해도를 점검한 뒤 그 내용을 '판단 핸드'라는 도구를 이용해 표시합니다. 이해하고 있는 내용일 때는 노란 전구 모양이 보이도록, 아직 모호한 경우에는 물음표 모양이 보이도록 들어 자신의 이해도를 표현하는 것입니다. 교사는 학생들의 판단 핸드를 보고 이에 맞는 피드백을 제공하며 수업을 이끌어갑니다.

사진과 같은 기성품을 사용할 필요는 없습니다. 미술시간을 활용하여 앞뒷면에 다른 그림이 들어가도록 직접 만드는 방법도 추천합니다. 학생들의 창의성을 믿어보세요! 단, 1년 동안 사용할 수 있도록 튼튼하게 만들어야 합니다.

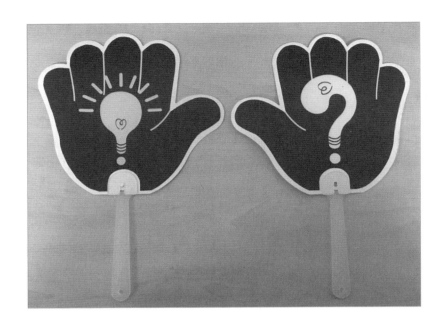

□ 활용 방법

❶ 교사는 학생들에게 이해도를 확인할 수 있는 질문을 던집니다.

❷ 학생은 교사의 질문에 대한 자신의 이해도를 스스로 점검해봅니다. 이때 주관적으로 판단하는 것을 막기 위해서는 채점기준표(루브릭)를 사용하여 자기 평가를 할 수 있도록 하는 것이 효과적입니다.

❸ 학생은 판단 핸드를 이용해 자신의 이해도를 표현합니다.

❹ 교사는 학생들의 자기 평가 결과에 따른 피드백을 제공합니다.

□ 달리쌤이 전하는 팁

❶ 저희 학급에서 사용하고 있는 판단 핸드는 표시장치 자기평가(김진규, 2013) 도

구의 한 가지 사례일 뿐입니다. (판단 핸드라는 이름도 학생들과 수업 중에 함께 만들었습니다.) 사실 이 방법은 이미 많은 학급에서 다양한 방식으로 사용되고 있습니다. 빨강, 녹색 카드, 단순하게는 거수, 자리에서 일어서서 의사표현을 하는 두더지 발표, 얼굴 모양 카드(스마일, 우는 모양), 문자카드(A,B,C,D) 등이 그것입니다. 선생님의 학급 경영 방식에 따라 다양한 방식으로 변형, 응용하여 사용할 수 있습니다.

❷ 어떤 표시장치를 사용하느냐보다 중요한 것은, 수업 중간 중간에 자기평가의 기회를 자주 가져야 한다는 것입니다. 학생들은 자신의 이해도를 스스로 생각해보지 않고, 그저 가만히 수업을 듣고만 있는 경우가 많습니다. 지속적인 자기평가의 기회를 제공해야만 학습 내용에 흥미를 잃지 않고 수업에 집중할 수 있습니다.

[형성평가 방법 5]
녹, 노, 빨! 신호등 쪽지

신호등 쪽지

자기 표시 장치 형성평가 기법인 신호등 카드(Traffic Light Cards)에 기록의 역할을 더하여 쪽지 형식으로 활용하는 평가 방법입니다. 학습 과제에 대한 자신감의 정도를 신호등의 색깔(초록색, 노란색, 빨간색)로 선택하여 자기평가하고, 교사의 질문에 대한 답을 쪽지에 직접 작성하는 것입니다.

질문에 대한 응답에 자신이 있을 경우 초록색, 확실하지 않고 애매할 경우 노란색, 자신이 없을 때는 빨간색을 선택합니다. 신호등 쪽지 방법은 교과와 상관없이 학생들의 이해도를 확인할 때 간편하게 사용할 수 있습니다.

교사는 학생들의 신호등 쪽지를 보고 이에 맞는 피드백을 제공해주어야 합니다. 신호등 쪽지를 통해 알게 된 정보를 이용하여 수업의 흐름을 바꾸어가거나 적절한 피드백을 적시에 제공해야만 형성평가의 의미를 제대로 살릴 수 있습니다.

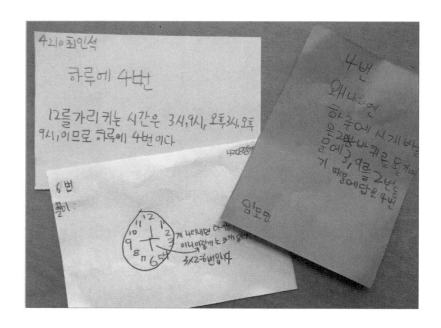

□ 활용 방법

❶ 교사는 학생들에게 이해도를 확인할 수 있는 질문을 던집니다.

❷ 학생들은 질문에 대한 자신의 자신감의 정도에 따라 쪽지의 색깔을 선택합
니다.

초록색 – 자신이 있다.

노란색 – 확실하지 않다.

빨간색 – 자신이 없다.

❸ 선택한 쪽지에 질문에 대한 응답을 기록하여 제출합니다.

❹ 교사는 학생들의 신호등 카드를 참고하여 수업을 진행합니다.

□ 달리쌤이 전하는 팁

❶ 신호등 쪽지를 카드 형식으로 코팅하여 사용하는 선생님들이 많습니다. 하지
만 자주 사용하다 보면 관리하기가 쉽지 않고, 훼손되었을 때 다시 제작하기
에도 어려움이 있습니다. 그래서 교실에 흔히 있는 색도화지를 손바닥 절반
정도의 크기로 잘라 부담 없이 사용하는 방법을 추천합니다.

❷ 교사가 관심 있게 봐야 할 쪽지는 빨간색에 틀린 답이 적힌 쪽지입니다. 학습
내용에 대한 자신감도 부족하고 내용도 올바로 이해하지 못하고 있는 학생
에 주목해야 합니다. 교사가 이 학생들에게 피드백과 도움을 주는 동안 노란
색에 정답을 기록한 학생들이 노란색–빨간색에 틀린 답을 기록한 학생들을
도와주는 또래 교수의 방법을 사용하여 학급 전체가 학습에 몰입하는 분위
기를 만들어야 합니다.

❸ 어떤 표시장치를 사용하느냐보다 중요한 것은, 수업 중 자기평가를 할 수 있

는 기회를 자주 가져야 한다는 것입니다. 학생들은 자신의 이해도를 스스로 생각해보지 않고, 그저 가만히 수업을 듣고만 있는 경우가 많습니다. 지속적인 자기평가의 기회를 제공해야만 학습 내용에 흥미를 잃지 않고 수업에 집중할 수 있습니다.

[형성평가 방법 6]
채점 기준표 : 평가 기준이 필요하다

채점 기준표

채점 기준표(rubric)는 성취 수준이나 평가 기준이 제시되어 있는 기준표를 활용하여 이해도를 확인하는 방법입니다. 이 방법은 전통적으로 사용되고 있지만 그다지 의미 있게 활용되지 못하고 있는 것 같습니다. 의미 있게 활용하기 위해서는 학생들의 활동이 시작되기 전에 성취 수준이나 평가 기준을 먼저 안내해야 합니다. 이를 통해 교사는 채점 기준표를 활용하여 목표에 부합하는 피드백을 제공할 수 있습니다. 또 학생들은 채점 기준표를 염두에 두고 수업에 참여하기 때문에, 목표와 거리가 먼 활동을 하게 되는 것을 예방할 수 있습니다. 또한 채점 기준표를 동료에게 주고 평가한다면 학습 목표에 부합한 동료 평가가 이루어질 수 있습니다.

영역	기준	수준		내용			
				1	3	2,6	4,5
성취 기준 / 수준	국 자신의 표현 의도에 맞는 문장을 사용할 수 있다.	상	설명, 의문, 명령, 부탁, 감탄 등의 자신의 표현 의도가 적절히 드러나는 다양한 문장이 사용되었다.	중	중	중	상
		중	설명, 의문, 명령, 부탁, 감탄 등의 자신의 표현 의도가 적절히 드러나는 다양한 문장을 사용했지만, 적절하지 않은 경우도 있다.				
		하	다양한 문장을 사용하지 못했다.				
	미 자신이 표현하고 싶은 주제를 자유롭게 표현할 수 있다.	상	관찰, 상상 등을 통해 주제가 **잘** 나타나게 표현되었다.	중	상	중	상
		중	관찰, 상상 등을 통해 주제가 나타나게 표현되었다.				
		하	주제가 잘 드러나지 않았다.				

□ 활용 방법

❶ 교사는 학생들에게 활동 과제를 제시할 때 채점 기준표를 함께 안내합니다.

❷ 채점 기준표의 관점과 내용들을 하나씩 살펴보며 이야기를 나눕니다.

❸ 학생들은 채점 기준표의 관점에 부합하는 결과물을 제작합니다.

❹ 작품이 완성된 뒤, 채점 기준표를 사용해 자기평가, 동료평가, 교사평가 등을 할 수 있습니다.

□ 달리쌤이 전하는 팁

• 중요한 내용이기 때문에 다시 한번 강조합니다. 반드시 학생들의 활동이 시작되기 전에 채점 기준표를 제시해야 합니다. 그래야만 목표가 무엇인지 생각하며 학생들이 결과물을 만들어갈 수 있습니다. 나아갈 방향을 올바르게 파악하지 못할 경우, 성취 기준과는 무관한 흥미 위주의 결과물이 만들어지거나 핵심과 멀어진 결과물이 만들어지기도 합니다. 예를 들어 '환경친화적인 신도시 만들기' 수업을 가정해보겠습니다. 사전에 채점 기준표가 미리 제시되어, 학생들이 '환경 보호를 위한 신도시인가?'라는 기준을 이해하고, 이것을 염두에 두고 만든 결과물은 어떻게든 환경 보호와 관련이 있습니다. 하

지만 사전에 이런 기준을 제시하지 않고 신도시가 다 만들어진 뒤, '환경 보호를 위한 신도시인가?'를 평가 기준으로 삼는다면 거의 대부분의 작품들이 환경 보호라는 핵심을 건드리지 못했을 가능성이 큽니다. 평가 기준은 언제나 활동이 시작되기 전에 먼저 제시해야 한다는 점을 기억해야 합니다.

> [형성평가 방법 7]
> ## 무시무시한 쪽지 시험!

무시무시한 쪽지 시험

무시무시한 쪽지 시험은 말 그대로 (이름만) 무시무시합니다. 수업 중에 쪽지 시험을 보고, 수업 중에 친구들이 채점하는 방식입니다. 단, 답안지에 학생 이름을 기록하지 않습니다. 시험 자체에 불안을 느끼는 학생, 학습에 대한 자신감이 부족한 학생들에게 효과적인 방법입니다.

이 방법은 어느 학생이 맞았는지 틀렸는지를 교사가 확인하는 것이 아니라, 모범답안을 확인하는 과정 속에서 학생들이 스스로 생각할 수 있는 기회를 제공해줍니다. 형성평가의 목적으로 진행되는 것이기에 성적에 반영되지 않는다는 것을 안내해야 합니다. 또 시험만 보고 끝나는 것이 아니라 채점까지 해봐야 합니다. 수업 중에 반드시 모범답안을 확인하는 시간이 필요합니다(김진규, 2013).

□ 활용 방법

❶ 교사는 쪽지 시험 용지를 준비합니다.

❷ 칠판 판서나 PPT를 이용하여 문제를 제시합니다.

❸ 학생들은 번호나 이름은 적지 않고, 문제에 대한 정답만 기록합니다.

❹ 학생들이 제출한 쪽지를 바구니에 모읍니다.

❺ 무작위로 다시 학생들에게 나누어 줍니다.

❻ 교사는 정답을 불러주고 학생들은 채점을 합니다.

❼ 거수를 통해 학생들의 이해도를 파악합니다. (이는 다음 수업을 디자인하기 위해 반

드시 거쳐야 하는 과정입니다.)

❽ 쪽지를 다시 모아 쓰레기통에 넣습니다.

□ 달리쌤이 전하는 팁

❶ '이유'나 '과정'을 묻는 문제보다는 진위형, 선택형, 단답형 문항을 출제하는 경우에 사용하는 것이 효과적입니다. 학생들이 채점을 해야 하기 때문에 정답이 분명한 문제를 출제하는 것이 좋습니다.

❷ 수업의 도입, 정리 단계에서 모두 사용할 수 있습니다. (퇴실권을 무기명으로 작성한다면 비슷한 효과를 얻을 수 있습니다.) 제가 좀 더 추천하는 시기는 '정리단계'입니다. 누가 어떤 문제를 틀렸는지는 알 수 없지만 거수를 통해 다 맞은 학생, 한 개 틀린 학생, 두 개 틀린 학생들의 수는 파악할 수 있습니다. 이를 통해 차시 학습의 이해도를 파악할 수 있고, 다음 차시 수업의 수준과 범위를 결정할 수 있습니다.

❸ 쪽지 시험지를 쓰레기통에 버릴 때는 조금 과장해서 버려주세요. "시험 결과는 별로 중요한 게 아니야!"라는 메시지를 전하는 것이 이 방법이 가진 또 하나의 가치입니다.

[형성평가 방법 8]

골든벨 : 정답을 들어 올리다

골든벨

골든벨은 2000년 3월부터 방영 중인 KBS TV 프로그램 〈도전! 골든 벨〉을 수업 속으로 가져온 형성평가 방법으로, 사회자가 제시하는 단답형 문제에 대한 답을 학생들이 화이트보드에 적고 정답을 확인하는 방식입니다(김진규, 2010). 교사가 제시한 문제를 맞힌 학생들은 자리에 남아

있고 틀린 학생들은 교실 뒤편의 공간에서 지켜봅니다. 보통 최후의 1인이 나올 때까지 진행합니다. 생생한 효과음은 골든벨을 두 배로 재미있게 만들어줍니다. 정답을 들 때, 정답을 발표하기 전에 효과음을 꼭 넣어주세요. '도전 골든벨 효과음'을 검색하시면 쉽게 준비할 수 있습니다.

□ 활용 방법

❶ 교사는 문제를 제시합니다. (문제를 읽어주거나 파워포인트로 제시할 수 있습니다.)

❷ 학생들은 개인용 화이트보드에 답안을 작성합니다.

❸ 교사의 "정답을 들어주세요!"라는 안내에 맞춰 학생들은 머리 위로 화이트보드를 들어 올립니다.

❹ 교사는 정답을 공개합니다.

❺ 틀린 학생들은 교실 뒤편에 마련된 공간에서 지켜봅니다. 패자가 없는 골든벨 운영 방식도 있습니다. 아래의 수업 팁을 참고하세요!

❻ 패자부활전을 진행합니다. 학생 수에 따라 단답형이 아닌 진위형(O, X) 문제를 출제하여 많은 수의 학생들을 살릴 수 있습니다.

❼ 최후의 1인이 나올 때까지 문제풀이와 정답 확인의 과정을 반복합니다.

□ 달리쌤이 전하는 팁

❶ 패자부활전을 몇 회 가질 것인지는 게임 시작 전에 학생들과 함께 결정해두는 것이 좋습니다. 임의로 패자부활전의 횟수를 늘릴 경우 불만이 생길 수 있습니다.

❷ 하위 수준 학생들의 경우, 게임의 초반부에 탈락하기도 합니다. 참여하지 못하고 관람만 하면 자연히 흥미가 떨어지므로, 탈락이 없는 골든벨 게임을 추천합니다. 맞은 개수를 正(바를 정)자로 기록해가며 게임의 처음부터 끝까지 학급 전체가 참여하는 것입니다.

❸ 준비한 문제의 중간 중간 넌센스 퀴즈나 아재 개그 퀴즈를 곁들여 재미와 흥미를 모두 잡아보세요!

❹ 2인 1조보다는 개인전이 훨씬 효과적입니다. 그러므로 화이트보드를 넉넉하게 준비해야 합니다.

[형성평가 방법 9]

나의 진짜 성적 : 앎을 구분하다

나의 진짜 성적

'나의 진짜 성적'은 학생들이 시험을 본 후에 각 문항에 대해 스스로 반성하는 기회를 제공하는 방법입니다(김진규, 2013). 시험이 끝나면 학생들은 이런 이야기를 하곤 합니다. "아는 거였는데, 계산에서 실수했네.", "옳지 않는 것을 고르라는 거였는데 옳은 것을 골라버렸네." 이렇게 억울해하는 학생들에게 "실수도 실력이야!"라고 말하기보다는 스스로를 되돌아보며 부족했던 부분을 다시 생각하도록 만들어주는 기법입니다.

　시험 문제를 다시 훑어보며 다음의 네 가지로 문제를 분류합니다. '알고 맞춘 문제', '알았지만 틀린 문제', '몰랐지만 맞춘 문제', '몰라서 틀린 문제'. 학생들의 시험 성적은 맞은 점수의 합으로만 표시되기 때문에, 찍어서 맞은 것도 점수가 됩니다. 하지만 진짜 실력, 진짜 성적은 '알고 맞춘 문제'와 '알았지만 틀린 문제'의 합이라고 할 수 있습니다. 이렇게 네 가지 유형으로 자신의 답안을 검토해보는 과정에서 자신이 아는 것과 모르는 것을 좀 더 명확하게 이해할 수 있습니다.

나의 '실제' 성적
→ 알고 맞춘 문제 + 몰랐지만 맞춘 문제

나의 '진짜' 성적

→ 알고 맞춘 문제 + 알았지만 틀린 문제

□ 활용 방법

❶ 학생들에게 각 문항별 정답을 공개합니다.

❷ 나의 진짜 성적 확인 틀에 맞추어, 평가 문항을 네 가지'알고 맞춘 문제', '알았지만 틀린 문제', '몰랐지만 맞춘 문제', '몰라서 틀린 문제')로 분류합니다.

❸ 나의 성적'알고 맞춘 문제'+'몰랐지만 맞춘 문제'을 확인합니다.

❹ 나의 '진짜' 성적'알고 맞춘 문제'+'알았지만 틀린 문제'을 확인합니다.

❺ 나의 성적과 나의 진짜 성적이 다른 이유에 대해 개인별로 생각해보고, 그 내용을 학급 내에서 함께 공유합니다.

❻ '몰라서 틀린 문제'에 대해 선생님과 친구들의 도움을 얻어 이해하는 시간을 갖습니다.

❼ '나의 진짜 성적'을 통해 수업에 대한 성찰의 시간을 갖습니다.

□ 달리쌤이 전하는 팁

• 이 기법을 적용하는 선생님께서는 이 문장을 기억하세요!

"교사가 집중적으로 관찰해야 할 부분은 '몰라서 틀린 문제'보다 '알았지만 틀린 문제'다."

학생들이 가지고 있는 잘못된 개념은 대부분 '알았지만 틀린 문제'

속에 있습니다. 학생들은 보통, 스스로는 알고 있다고 생각하지만 제대로 알고 있지 못한 경우가 많습니다. 그것이 '실수'라는 이름으로 포장되는 경우도 많고요. 단순히 알았지만 틀린 문제를 기록하는 것에 초점을 맞추기보다 왜 틀리게 되었는지 생각하는 시간이 필요합니다. 맞고 틀리고보다 더 중요한 것은 왜 맞았고, 왜 틀렸는지 그 이유를 아는 것입니다.

　달리플래닛 학생들에게 바칩니다. 수업은 교사와 학생의 하모니입니다. 어느 한쪽의 노력만으로는 결코 조화를 이룰 수 없습니다. 주인공인 우리 반 학생들이 있었기에 이 모든 콘텐츠들을 쌓을 수 있었습니다.

　광주교육대학교 광주부설초등학교라는 공간에서 함께 근무했던 최영순 교장선생님, 노경희 교감선생님을 비롯한 여러 동료들과 선배님들께 바칩니다. 수업이라는 소재를 가지고 치열하게 이야기하던 그 시절이 없었다면 이 책은 세상에 나오지 못했을 것입니다.

　미래교실네트워크 광주·전남 선생님들께 바칩니다. 배워서 남 주는 선생님들 덕분에 많이 배울 수 있었고, 선생님들의 에너지 덕분에 더 열심히 할 수 있는 동기부여가 되었습니다.

파이썬 어린이집의 주인장 구대현 선생님에게 바칩니다. "이제는 무엇인가를 생산해낼 때가 되지 않았나요?"라는 선생님의 이야기가 저에게 영감을 주었습니다. 그는 모든 이에게 영감을 주는 사람입니다.

무라카미 하루키에게 바칩니다. "마흔 살쯤 되면 조금은 괜찮은 글을 쓸 수 있겠지."라는 그의 생각을 오마주하여 부족하지만 매일매일 글을 써갔기에 한 권의 책을 만들어낼 수 있었습니다.

달리에게 갈라가 있다면 달리쌤에게는 선영이가 있습니다. 병상에 누워 있으면서도 교정지를 꼼꼼하게 검토하고 첨삭해주었기에 고독한 교정 작업을 견뎌낼 수 있었습니다. 그녀는 송정리의 테레사입니다.

사랑하는 내 가족들에게 바칩니다. 특히 아버지께서 몸소 보여주시고 가르쳐주셨던 끈기와 성실함이 오늘 이 책을 완성시키는 데 큰 영향을 미쳤습니다.

세상의 모든 교사들에게, 특히 수업을 잘하고 싶은 마음을 가진 교사들에게 바칩니다. 잘하고 싶다는 마음, 그 마음이 이 책을 세상에 나오게 만들어주었습니다. 잘하지 못해도 괜찮습니다. 잘하려는 마음만으로 충분합니다.

이 중 어느 한 사람이라도 없었다면 저는 이 책을 쓰지 못했을 것입니다. 모두에게 감사합니다.

2019년 8월

박재찬

김대권, 《수업, 하나만 바꿔 보자!》, 테크빌교육, 2017.

김진규, 《50가지 이야기》, 교육과학사, 2010.

김진규, 《형성평가 101가지 기법》, 교육과학사, 2013.

김소라, 방윤숙, 《중학교 국어책이 쉬워지는 토론수업》, 팜파스, 2017.

KBS명견만리제작팀, 《명견만리_미래의 기회 편》, 인플루엔셜, 2016.

Sue Z. Beers, 《4C 핵심역량에 기초한 미래형 교실수업》, 아카데미프레스, 2017.

로베르타 골린코프, 캐시 허쉬-파섹, 《최고의 교육》, 예문아카이브, 2018.

온은주, 《Visual Thinking으로 하는 생각 정리 기술》, 영진닷컴, 2014.

요한 하위징아, 《호모 루덴스》. 연암서가, 2018.

이근호 외, 《미래사회 대비 핵심역량 함양을 위한 국가 교육과정 구상》, 한국교육과정평가원 연구보고 RRC 2012-4, 2012.

이상수, 《4차 산업혁명, 미래교육의 방향은?》, 시민의 소리, 2018.

이상우, 《협동학습으로 토의·토론 달인 되기》, 시그마프레스, 2011.

이주혜, 《최고의 교사는 어떻게 가르치는가 2.0》, 해냄, 2016.

이찬승, 《역량통합 교육과정 도입에 대한 사회적 논의를 시작하자》, [http://www.21erick.org/bbs/board.php?bo_table=11_5&wr_id=100049&sca=&sfl=wr_subject&stx=%BF%AA%B7%AE&sop=and], 2014.

조신영, 박현찬, 《경청》, 위즈덤하우스, 2007.

필리스 크런보, 《함께 토론하고 소통하는 기적의 토킹스틱》, 북허브, 2014.

이민화, 《협력하는 괴짜》, 시그니처, 2017.

이민화, 《[토요워치 – 괴짜들의 반란] "AI와 경쟁시대 다가와..'협력하는 괴짜' 키워야"》, 서울경제, 2017.

김현섭, 《협동학습의 준비》, [https://eduhope88.tistory.com/23], 2012.

김현섭, 《협동학습의 개념 및 기본원리》, [https://eduhope88.tistory.com/22], 2012.

김현섭, 《협동학습과 협력학습의 차이점은?》, [https://eduhope88.tistory.com/164], 2014

남정욱, 《차라리 죽지 그래》, 인벤션, 2014.

정문성, 《협동학습의 이해와 실천》, 교육과학사, 2002.

한국교육심리학회, 《교육심리학 용어사전》, 학지사, 2000.

우치갑, 《비주얼 씽킹 수업》, 디자인펌킨, 2015.

고바야시 히로유키, 《하루 세 줄, 마음정리법》, 지식공간, 2015.

전성수, 《최고의 공부법》, 경향비피, 2014.

최정임, 장경원, 《PBL로 수업하기》, 학지사, 2015.

홍갑의, 《전남 학생 5명중 1명, 주말 3시간 이상 컴퓨터 게임》, 시민의
소리, 2012.

황치성 외, 《청소년의 미디어 이용과 21세기 핵심역량》, 한국언론진흥
재단, 2014.

문민정, 《효과적인 토론 수업의 비밀》, [https://brunch.co.kr/@
mjmoon/44], 2018.

S. D. 브룩필드, 《토론》, 학이당, 2008.

김병원, 《생각의 충돌》, 자유지성사, 2000.

이재진, 《게임용어사전: 기관/용어》, 네이버 지식백과, 2013.

김해동 외, 《교실 속 비주얼 씽킹 (실전편)》, 맘에드림, 2017.

여희숙, 《토론하는 교실》, 파란자전거, 2009.

스마트뉴스 편집국, 《토론의 달인은 '6단 논법' 사용한다》, 칠곡신문방
　　송스마트뉴스, 2008.

김성현, 《독서토론논술 수업》, 지식프레임, 2015.

한근태, 《고수의 질문법》, 미래의창, 2018.

요코야마 타로, 《위대한 리더의 위대한 질문》, 예인, 2011.

도로시 리즈, 《질문의 7가지 힘》, 더난출판사, 2016.

황연성, 《신나는 디베이트》, 이비락, 2011.

손우정, 《배움의 공동체》, 해냄, 2012.

최소영, 《월드 카페》, 북플래너, 2007.

케이 프라니스, 《서클 프로세스》, 대장간, 2018.

강준만, 《재미있는 영어 인문학 이야기 3》, 인물과사상사, 2015.

고영성, 신영준, 《완벽한 공부법》, 로크미디어, 2017.

우영진 외, 《디자인씽킹 수업》, 아이스크림(i-Scream), 2018.

학교란무엇인가제작팀, 《학교란 무엇인가》, 중앙북스(books), 2011.

KBS1, 《전교 1등은 알고 있는 '공부에 대한 공부'》, 시사기획 − 창, 2014.

남정호, 《토론 교육이 경쟁력이다 〈상〉 한국 우등생, 미국선 열등생》,
　　중앙일보 [https://news.joins.com/article/3611148], 2009.

정소리, 《'메타인지' 키워 똑소리 나게 공부하자》, 교육부공식블로그. [https://if-blog.tistory.com/2212], 2012.

데이브 그레이, 서니 브라운, 제임스 매카누포, 《Game Storming 게임스 토밍》, 한빛미디어, 2016.

JEANNE E. ORMROD, 《교육심리학》, 아카데미프레스, 2011.

허형, 《교육현장에서의 교육평가》, 배영사, 1978.

Dodge, J., 《The study skills handbook》, New York: Scholastic, 1994.

Dodge, J., 《25 quick formative assessments for a differentiated classroom》, New York: Scholastic, 2009.

Fisher, D., & Frey, N., 《Checking for understanding : formative assessment techniques for your classroom》, Alexandria, VA: ASCD, 2014.

Popham, W.J., 《Transformative assessment》, Alexandria, VA: ASCD, 2008.

Greenstein, L., 《What teachers really need to know about formative assessment》, Alexandria, VA: ASCD, 2010.

Jones, R. C., 《ReadingQuest:Strategies for reading comprehension》, [http://www.readingquest.org/clock_buddies.html].

Matt Smith, 《Learning the Secrets of Good Class Discussions》, [https://www.middleweb.com/38084/learning-the-secrets-of-good-class-discussions/], 2018.

McMillan, J.H., 《Classroom assessment: Principles and practice for effective instruction(3rd ed.)》, Boston: Pearson Education, Inc, 2004.

McMillan, J.H., 《Classroom assessment: Principles and practice for effective instruction(4rd ed.)》, Boston: Pearson Education, Inc, 2007.

p21, 《Framework for 21st Century Learning Definitions》, [http://www.battelleforkids.org/networks/p21/frameworks-resources], 2019.

Zwiers, J., 《Building reading comprehension habits in grade 6-12: a toolkit of classroom activities (2nd ed.)》, Newark, DE: International Reading Association, 2010.

행복한 교육을 위한 학생중심수업 프로젝트